HEIDELBERGER STUDIENHEFTE
ZUR ALTERTUMSWISSENSCHAFT

Herausgegeben von

G. Alföldy

E. Christmann

A. Dihle

R. Kettemann

BURKHART CARDAUNS

Marcus Terentius Varro

Einführung in sein Werk

Universitätsverlag
C. WINTER
Heidelberg

Die Deutsche Bibliothek – CIP-Einheitsaufnahme
Cardauns, Burkhart:
Marcus Terentius Varro: Einführung in sein Werk / Burkhart Cardauns.–
Heidelberg: Winter, 2001
(Heidelberger Studienhefte zur Altertumswissenschaft)
ISBN 3-8253-1269-0

ISBN 3-8253-1269-0

Imprimé en Allemagne · Printed in Germany
Druck: Strauss Offsetdruck GmbH, 69509 Mörlenbach

Gedruckt auf umweltfreundlichem, chlorfrei gebleichtem
und alterungsbeständigem Papier

Inhaltsverzeichnis

Vorwort

Die folgenden Ausführungen sollen entsprechend den Zielen der Schriftenreihe in das Werk des römischen Gelehrten einführen und können nicht allen Aspekten gerecht werden. Der Kenner wird manche Information und vor allem die wissenschaftliche Diskussion und einen Forschungsbericht vermissen. Dafür sollte der Autor selbst stärker zu Wort kommen. Aus der fast unübersehbaren Zahl der Schriften des *doctissimus Romanorum* zu den unterschiedlichsten Themen, von denen wir wohl nicht einmal alle Titel kennen oder nur den Titel, sind uns zwar viele Fragmente erhalten, aber auch sie häufig ohne Titelangabe. Zusammenhängende Texte besitzen wir nur in dem Werk über die Landwirtschaft, das ganz erhalten ist, und in sechs Büchern über die lateinische Sprache. Der Zusammenhang der Fragmente muß meist durch Kombination, mit gezügelter Phantasie und philologischer Akribie, erst hergestellt werden, oft ein problematisches Verfahren.

Das Gewicht dieser Einführung soll auf *De re rustica*, *De lingua Latina,* den *Saturae Menippeae* und den *Antiquitates* liegen, weil hier auch Textabschnitte vorgestellt und interpretiert werden können. Wenn dabei auf Übersetzungen meist verzichtet wird, so sollen doch schwierige Stellen und weniger bekannte Vokabeln möglichst zwanglos erläutert werden. Die Fragmente werden nach den letzten Ausgaben zitiert, aber auch direkt nach den Quellen (Gellius, Augustinus u.a.), die mancher eher zur Hand hat, ohne daß ganz konsequent verfahren worden ist.

Im Literaturverzeichnis finden sich die wichtigsten Ausgaben und allgemeine Literatur, am Kopf der einzelnen Kapitel eine Auswahl spezieller Titel. Dabei ist die Literatur der letzten Jahre bevorzugt, da sie den Zugang zu älteren, oft wichtigen Abhandlungen eröffnet. Aufsätze zu Einzelproblemen sind nur ausnahmsweise aufgeführt. Zitate im Text erfolgen in abgekürzter Form (Verf., Jahr) und verweisen auf eines dieser Verzeichnisse.

Mein Dank gilt den Herausgebern der Studienhefte, insbesondere Eckhard Christmann, der diesen Band angeregt hat, und dem Verlag Winter.

Literaturverzeichnis

Forschungsberichte und Bibliographien:

H.Dahlmann, Varroniana, ANRW I 3,1973,3-25

B.Riposati/A,Marastoni, Bibliografia Varroniana, Milano 1974

B.Cardauns, Stand und Aufgaben der Varroforschung (mit einer Bibliographie der Jahre 1935-1980), Akad.Mainz, Wiesbaden 1982

Gesamtausgaben:

M.Terentius Varro, Opera. Scriptorum Romanorum quae extant omnia 39-46, Vol.I-IV, cur. F.Semi, Venezia 1965

Opere di Marco Terenzio Varrone, ed.A.Traglia, in: Classici Latini,Torino 1974 (lat.-it.: De lingua Latina, De grammatica librorum reliquiae, De re rustica)

Fragmente:

A.Popma, Fragmenta M.Terenti Varronis, Franeker 1589; erweitert Leiden 1601; Dordrecht 1619; nachgedruckt in der Editio Bipontina (Zweibrücken) 1788

M.Salvadore, M.Terenti Varronis Fragmenta omnia quae extant. Pars I: Supplementum, Hildesheim 1999

Konkordanzen:

W.W.Briggs, Concordantia in Varronis libros De re rustica, Hildesheim 1983

M.Salvadore, Concordantia Varroniana. Pars I in libros de lingua Latina et in fragmenta, Hildesheim 1995

Einzelausgaben:

De re rustica:

H.Keil/G.Goetz, Leipzig 1912, 2.A.1929; W.D. Hooper/H.B.Ash, London (Loeb) 1934 ff.; J.Heurgon, livre I, Paris 1978; Ch.Guiraud, livres II et III, Paris 1985/1997; D.Flach, Gespräche über die Landwirtschaft, hrsg., übers. u. erläutert, Buch 1 Darmstadt 1996, Buch 2 Darmstadt 1997

De lingua Latina:

G.Goetz/F.Schoell, Leipzig 1910 (Amsterdam 1964); R.G.Kent, Cambridge Mass./ London 1938 ff. (Loeb Libr., with Engl. Transl., 2 Vols.); einzelne Bücher: V: J.Collart, Paris 1954; VI: E.Riganti, Bologna 1978; VI: P.Flobert, Paris 1985; VIII: H.Dahlmann, Berlin 1940 (Berlin/Zürich 1966); X: A.Traglia, Bari 1956 (Roma 1967); X: D.J.Taylor, Amsterdam 1996

Saturae Menippeae:

F.Bücheler/G.Heraeus, in: Petronii Satirae, 6.A. Berlin 1922 (Berlin 1958)

R.Astbury, Leipzig 1985

J.-P.Cèbe, Vols.I-XIII, Rom 1972-1999 (Éd., Trad., Comm.)

W.A.Krenkel, Marcus Terentius Varro, Saturae Menippeae. Lat.-dt. mit Anm., 2 Bde. Univ. Rostock, Inst. für Altertumswissenschaft 2000 (CD-ROM) [nicht gesehen]

Antiquarische Werke:

De gente populi Romani: P.Fraccaro, Roma 1907 (Roma 1966)

De vita populi Romani: B.Riposati, Milano 1939 (Milano 1972)

Antiquitates rerum humanarum: P.Mirsch, Leipziger Studien 5,1882

Antiquitates rerum divinarum: B.Cardauns, Wiesbaden 1976

Grammatische Fragmente: H.Funaioli, Grammaticae Romanae Fragmenta, Leipzig 1907 (Ndr.1964) p.179-371

Allgemeine Literatur, Monographien:

H.Dahlmann, M.Terentius Varro, RE Suppl.VI (1935) 1172-1277

F.Della Corte, La filologia latina dalle origini a Varrone, Torino 1937 (2.ed. Firenze 1981)

F.Della Corte, Varrone il terzo gran lume Romano, Genua 1954 (Florenz 1970)

J.Collart, Varron, grammairien latin, Paris 1954

K.Sallmann, Varro, Der Kleine Pauly V (1975) 1131-1140

Varron. Entretiens sur l'antiquité classique, Tome IX, Fond.Hardt, Vandoeuvres /Genève 1963

B.Reischl, Reflexe griechischer Kulturentstehungslehren bei augusteischen Dichtern, München 1976 (bes.p.80-142)

Atti del Congresso Internazionale di Studi Varroniani, 2 Vol. Rieti 1976

Varron, grammaire antique et stylistique latine, Fs. J.Collart (Ed.P.Grimal) Paris 1978

A.Traglia, Varrone prosatore, in: Cultura e lingue classiche 3. 3° Convegno di aggiornamento e di didattica Palermo 1989, ed.B.Amata, Roma 1993,693-885

A.Lehmann, Varron, critique littéraire, Thèse de l'Université de Paris IV – Sorbonne, 1996 (dactyl.)

Y.Lehmann, Varron théologien et philosophe romain, (Coll.Latomus 237) Bruxelles 1997

Th.Tarver, Varro and the Antiquarianism of Philosophy, in: J.Barnes/M.Griffin (Edd.), Philosophia togata II. Plato and Aristotle at Rome, Oxford 1997,130-164

Th.Baier, Werk und Wirkung Varros im Spiegel seiner Zeitgenossen von Cicero bis Ovid, (Hermes Einz.73) Stuttgart 1997

Chr.Rösch-Binde, Vom "δεινὸς ἀνήρ" zum "diligentissimus investigator antiquitatis". Zur komplexen Beziehung zwischen M.Tullius Cicero und M.Terentius Varro, Diss. Köln 1997, München 1998

Leben und Werk

K.Cichorius, Historische Studien zu Varro, in: Römische Studien, Leipzig 1920 (Darmstadt 1961), 189-241; Dahlmann 1935,1172-1181; Rösch-Binde 1998

Obgleich wir keine antike Vita besitzen – die Autobiographie *de vita sua* ist verloren - , sind wir doch durch viele Nachrichten aus Varros eigenen Schriften, durch Zeitgenossen wie Cicero und Caesar sowie spätere Autoren über Leben und Werk unterrichtet. Der Chronik des Hieronymus verdanken wir Geburts- und Todesjahr: zwischen 116 und 27 v.Chr. liegt sein Leben, das die ausgehende Republik bis zum Beginn der Monarchie des Augustus umspannt. Geboren wurde Marcus Terentius Varro in Rom oder Reate; jedenfalls konnte er wie Cicero sagen, daß er eine doppelte Heimat hatte: Reate (heute Rieti) im Sabinerland, Sitz der Familie und vertrautes Land seiner Kindheit und die politische Heimat Rom. Im See von Cutilia bei Reate sah er den Nabel Italiens (*umbilicus Italiae* ap.Plin. *nat.* 3,109). Über die Eltern ist nichts bekannt, aber er selbst führte sein Cognomen Varro auf einen Vorfahren zurück, der im Krieg einen Illyrer dieses Namens gefangennahm (Serv. *auct.Aen.* 11,743). Dies könnte der bei Cannae besiegte Konsul C.Terentius Varro gewesen sein.

Jedenfalls dürfte er wie Cicero dem Ritterstand angehört haben und schlug eine standesgemäße Karriere ein. Nach dem Militärdienst war der junge Mann zwischen 95 und 90 v.Chr. *triumvir capitalis*, Beamter im Strafvollzug, und konnte um 85 v.Chr. Quaestor werden. 78/77 v.Chr. war er vielleicht Legatus in Dalmatien; er schloß sich in diesen Jahren Pompeius an und blieb ihm in der Folgezeit politisch verbunden. Für ihn verfaßte er ein nautisches Werk, die *Ephemeris navalis*, und diente ihm als Legatus in Spanien, auch als Proquaestor, wie eine Münze des Jahres 75 v.Chr. bezeugt. Als Pompeius 71 v.Chr. zum Konsul gewählt wurde, ließ er sich von seinem vertrauten Freund (*familiaris*) eine Anleitung zur Führung des Amtes verfassen, die Varro εἰσαγωγικός – Einführung – nannte. Im folgenden Jahre Volkstribun, könnte er 68 v.Chr. die Prätur erreicht haben, das höchste von ihm bekleidete Amt. Im sog. Seeräuberkrieg 67 v.Chr., der Säuberung des Mittelmeers von der Piratenplage durch Pompeius, unterstanden Varro als Legat die Küsten des jonischen Meeres zwischen Delos und Sizilien. Pompeius verlieh ihm die sog. Corona rostrata oder Corona navalis, eine seltene Auszeichnung für persönliche Tapferkeit im Seekrieg. Mit Pompeius gehörte Varro 59 v.Chr. einer Landverteilungskommission an, verfaßte aber auch eine Schrift mit dem Titel *Trikaranos* (dreiköpfiges Monstrum) auf das erste Triumvirat vielleicht in kritischer Distanz; zehn

Jahre später diente er Pompeius erneut als Legat in Spanien, wo er im Bürgerkrieg eher unentschlossen auftrat und rasch vor Caesar kapitulieren mußte, wie dieser mit leichter Ironie darstellt (*Bellum civile* 2,17-20).

Er blieb zwar mit Cicero im Lager des Pompeius in Dyrrhachium, konnte sich aber rasch mit Caesar aussöhnen, der noch aus Alexandria Antonius die Rückgabe des von ihm okkupierten Gutes bei Casinum befahl (Cic. *Phil.*2,103 f.). Varro wurde von ihm mit der Einrichtung einer öffentlichen Bibliothek (Suet.*Iul.*44,2) betraut und widmete ihm seine *Antiquitates rerum divinarum*. Nach der Ermordung Caesars geriet er in größte Gefahr: Antonius setzte ihn 43 v.Chr. auf die Proskriptionsliste, um sich seine Güter anzueignen. Der Freund Calenus konnte ihn verstecken und keiner seiner Sklaven verriet ihn, sodaß er nicht das Schicksal Ciceros teilen mußte, aber seine Güter und seine Bibliothek wurden geplündert (Appian *civ.* 4,47).

Varro starb fast neunzigjährig 27 v.Chr., nach dem Zeugnis des Valerius Maximus (8,7,3) bis zum Ende schriftstellerisch tätig. Laut Plinius (*nat.* 35,160) soll es sein Wunsch gewesen sein, nach der Weise der Pythagoreer in einem tönernen Sarg auf Blättern der Myrte, des Ölbaums und der Schwarzpappel bestattet zu werden. Der Wortlaut ist nicht ganz eindeutig und der Zusammenhang der Äußerung bleibt uns verborgen, aber ein Interesse Varros am Pythagoreismus ist offensichtlich, wenn er auch sicher nicht einer neupythagoreischen Schule angehörte wie sein Zeitgenosse Nigidius Figulus.

Seinen Reichtum, der auch die Begehrlichkeit des Antonius weckte, bezeugt Plinius d.Ä. (*nat.*33,155 u.36,41), wenn er, nach einer Schrift Varros, aus dessen Besitz ein Bronzebildwerk des Mentor und eine marmorne Löwin mit spielenden Eroten des Arkesilaos (Mitte 1.Jh.v.Chr.) erwähnt. Mentor nennt Varro auch in der Menippea *Agathon* (fr.7).

Die staunenswerte schriftstellerische Leistung hat ein solider Wohlstand begünstigt bzw. erst ermöglicht. Man sollte sich den Gelehrten nicht im stillen Studio allein mit seinen Büchern vorstellen, ebensowenig wie Hieronymus im Gehäus. Wie später der andere große Sammler und Enzyklopädist, der ältere Plinius, hatte er seine gut ausgebildeten Sklaven, Sekretäre, Schreiber, Boten, die ihm zur Hand gingen, Exzerpte anfertigten oder Stellen nachschlugen. Wahrscheinlich hat er auch bei jeder Gelegenheit sich vorlesen lassen und diktiert, im Bad, beim Mahl, beim Spaziergang und auf Reisen, wie es der jüngere Plinius (*epist.*3,5) anschaulich und detailliert von seinem Onkel erzählt. Bei Valerius Maximus ist sein letzter Arbeitsplatz nicht der Schreibtisch, sondern das Ruhebett: *in eodem enim lectulo et spiritus eius et egregiorum operum cursus exstinctus est.*

Unter Varros Lehrern ist an erster Stelle L.Aelius Stilo Praeconinus (bzw. Praeconius) zu nennen (*magister Varronis* bei Gell.16,8,2), der als Grammatiker und Literaturhistoriker (Plautus) häufig von Varro mit Achtung (*ling.*7,2: *in primo in litteris Latinis exercitatus*), aber auch Kritik genannt wird (*Ant.rer.div.* XIV fr.89 ap.Gell.1,18; s.u.S.35). Der um zehn Jahre jüngere Cicero hörte und studierte bei ihm kurz vor seinem Tode (etwa 90 v. Chr.) vor allem in der Rhetorik. Auch zu dem Tragiker L.Accius (gest. nicht vor 86 v.Chr.) ergaben sich Beziehungen; ihm wohl widmete Varro eine seiner frühesten Schriften, *De antiquitate litterarum*, und zitiert ihn häufig in *De lingua Latina*. Der wichtigste philosophische Lehrer war Antiochos von Askalon, den Varro vielleicht um 84/82 v.Chr. in Athen gehört hat. Antiochos distanzierte sich als Akademiker von der skeptischen Richtung seines Lehrers Philon von Larisa (88 v.Chr. in Rom) und versuchte Lehren der Stoa in die platonische Philosophie zu integrieren. Als Cicero 45 v.Chr. seine *Academica* in der Neubearbeitung Varro widmete, ließ er ihn die Lehre des Antiochos vertreten (*tibi dedi partes Antiochinas, quas a te probari intellexisse mihi videbar*), er selbst vertrat Philons Ansichten. In Varros *Liber de philosophia* (Auszüge bei Augustinus) ist der Einfluß des Antiochos deutlich.

Die Widmung der *Academica* wirft ein Licht auf Ciceros Verhältnis zu Varro (ausführlich Rösch-Binde). Während der Arbeit an *De re publica* 54 v.Chr. bemühte sich Cicero, über Atticus Zugang zur Bibliothek Varros zu gewinnen, und Atticus hatte anscheinend angeregt, Varro eine ehrenvolle Erwähnung zu widmen, wozu Cicero sich dann doch nicht entschließen konnte (*Att.*4,16,2). Von einer persönlichen Begegnung verlautet nichts und der Briefwechsel mit Atticus über Varros Rolle in der Neubearbeitung der *Academica* i.J.45 ist voller Bedenken und Zweifel hinsichtlich der Empfindlichkeit des Gelehrten. Cicero charakterisiert ihn *Att.*13,25,3 mit einem Homervers: *volo Varronem, praesertim cum ille desideret; sed est, ut scis, δεινὸς ἀνήρ, τάχα κεν καὶ ἀναίτιον αἰτιόῳτο* (*Ilias* 11,654: ein furchtbarer Mann; leicht kann er auch einen Schuldlosen beschuldigen). Ciceros Briefe an Varro (*fam.*9,1-8) sind höflich und achtungsvoll, aber nicht vertraulich.

Das gemeinsame Erlebnis des Bürgerkriegs ließ bei Cicero mehr Verständnis aufkommen für den Gelehrten, der sich dem politischen Leben zwar nicht entzogen, aber doch immer Abstand gewahrt hatte. Cicero schreibt Ende 47 an Varro (*fam.*9,1) in resignierter Stimmung: *aut tu potes me aut ego te fortasse aliqua re iuvare. Scito enim me, posteaquam in urbem venerim, redisse cum veteribus amicis, id est cum libris nostris, in gratiam....ignoscunt mihi, revocant in consuetudinem pristinam teque, quod in eo permanseris, sapientiorem quam me dicunt fuisse.* Er gibt der Hoffnung Ausdruck, ihn bald zu sehen, sei es auf dem Tusculanum oder dem Cumanum Varros, *dum modo simul simus, perficiam profecto, ut id utrique nostrum commodissimum esse diiudicetur.* Dennoch kam dieses Treffen wohl nicht zustande.

Ciceros Freund Atticus scheint hingegen ein unkompliziertes Verhältnis zu Varro, wie fast zu jedermann, unterhalten zu haben. Er ist der Vermittler und muß sich von Cicero noch sagen lassen, alles geschehe auf seine Gefahr, wenn Varro sich nicht angemessen gewürdigt fühle (*Att.*13,25,3: *tuo periculo fiet*). Atticus war *De vita populi Romani* gewidmet, ein *Logistoricus* trug seinen Namen und im Buch II *De re rustica* ist er einer der Unterredner.

In der Geschichte der römischen Gelehrsamkeit nimmt der Reatiner einen hervorragenden Platz ein. Den Anfang der wissenschaftlichen Beschäftigung mit Sprache und Dichtung in Rom, der *ars grammatica* im antiken Sinne, sieht Sueton (*gramm.*2) im Auftreten des Krates von Mallos. Der Stoiker und Haupt der sog. pergamenischen Schule kam als Gesandter Attalos II. (159-138 v.Chr.) etwa Mitte des 2.Jh. nach Rom und hielt sich dort länger auf, da er sich ein Bein gebrochen hatte. Varro äußert sich *ling.*9,1 kritisch über ihn. Mit grammatischen Problemen haben sich der Satirendichter Lucilius und der Tragiker Accius befaßt. L.Accius (170-ca.84 v. Chr.) verfaßte neben seinen hochangesehenen Tragödien in mindestens neun Büchern *Didascalica*, in Vers und Prosa Themen der Literatur behandelnd wie Dichtungsgattungen, Chronologie und Echtheitsfragen. Auch der Orthographie widmete er seine Aufmerksamkeit und machte eigene Vorschläge. Varros Lehrer L.Aelius Stilo (geb.etwa 150 v.Chr.), römischer Ritter aus Lanuvium, war zu seiner Zeit der bedeutendste Grammatiker Roms. Er übertrug griechische Methoden der Dichtererklärung auch auf alte lateinische Sprachdenkmäler wie das Salierlied und das Zwölftafelgesetz. Als Anhänger der Stoa folgte er den methodischen Grundsätzen dieser Schule. Etymologische Erklärungen spielten dabei eine wichtige Rolle. Hier und in der Plautusphilologie – Stilo hielt 25 Komödien für sicher echt – konnte Varro anknüpfen.

Wir wüßten gern mehr über sein Verhältnis zu griechischen Grammatikern seiner Zeit. Tyrannion aus Amisos in Pontos, ein Schüler des Dionysios Thrax, kam nach den mithridatischen Kriegen mit Parthenios als Gefangener 68 v.Chr. nach Rom. Er veranlaßte die Publikation der exoterischen Schriften des Aristoteles. Homerphilologie und Probleme der Grammatik im engeren Sinne beschäftigten ihn. Varro soll ihm in der Akzentlehre gefolgt sein (fr.282 Funaioli; vgl.Y.Lehmann 1997,118 ff.). Gleiche Interessen hatte Asklepiades von Myrlea, der sich ebenfalls in Rom aufhielt. Aus Alexandria kam Philoxenos, vielleicht der erste Grieche, der über lateinische Sprache schrieb. Der Titel περὶ τῆς Ῥωμαίων διαλέκτου legt die Annahme nahe, daß er Lateinisch für einen ursprünglich griechischen Dialekt ansah. Ein gewisser Hypsikrates schrieb über die aus dem Griechischen entlehnten lateinischen Wörter; Varro zitiert ihn *De lingua Latina* 5,88.

Wir verdanken dem gelehrten Hieronymus einen Katalog der varronischen Schriften (F.Ritschl, RhM 12,1857=Opusc.III 525 ff.; s.u. im Anhang), deren Anzahl er dem Werk des Origenes an die Seite stellt. Obwohl er die Liste kaum zur Hälfte wiedergibt, wie er sagt, umfaßt sie 36 Titel (ohne Epitomai) in 486 Büchern (mit Epitomai). Tatsächlich sind uns mehr als 20 Titel bekannt, die in dem Katalog nicht erscheinen, darunter so wichtige Werke wie *De gente populi Romani* und *De poetis*. Andererseits enthält die Liste Titel, die sonst nie zitiert werden und uns völlig unbekannt geblieben wären. Varro selbst hat in der Einleitung zu den *Hebdomades* die von ihm verfaßten Bücher auf 490 (70 Hebdomades) bis zum Beginn der zwölften Hebdomade seiner Lebensjahre (78. Jahr, 39 v.Chr.) beziffert, von denen einige zur Zeit seiner Proskription durch die Beraubung seiner Bibliotheken verloren gegangen seien (Gell. 3,10,17). Der Katalog stammt sicher nicht aus den *Hebdomades*, eher wohl aus einer Bibliothek, zumal die Reihenfolge der Titel keine durchgehende Ordnung erkennen läßt, abgesehen davon, daß die bekanntesten und umfangreichsten am Anfang und die poetischen Werke am Ende stehen. Die Epitomai zu den umfangreichen Werken hat wohl Varro selbst herstellen lassen; von ihnen findet sich in der Überlieferung keine Spur.

Das Motiv für seine Arbeiten, das Cicero *acad.post.*1,8 Varro in den Mund legt, dürfen wir sicher für ihn in Anspruch nehmen:

> *Sed meos amicos in quibus id est studium in Graeciam mitto, id est ad Graecos ire iubeo, ut ex fontibus potius hauriant quam rivulos consectentur; quae autem nemo adhuc docuerat nec erat unde studiosi scire possent, ea quantum potui - nihil enim magnopere meorum miror - feci ut essent nota nostris; a Graecis enim peti non poterant ac post L.Aelii nostri occasum ne a Latinis quidem.*

Obwohl die Formulierung Cicero gehört, wird deutlich, daß Varro seinen Mitbürgern (*nostris*) vermitteln will, was sie bei den Griechen nicht finden können: Wissen über die römische Welt. Bei aller Anerkennung des Lehrers Aelius Stilo und der bescheidenen Einschätzung der eigenen Leistung ist doch der Anspruch unverkennbar, als erster zu lehren, was bisher niemand gelehrt hat und den Interessierten anzubieten, was sie bisher nicht finden konnten.

2 De re rustica

R.Heisterhagen, Die literarische Form der Rerum rusticarum libri Varros, Diss.Marburg 1952 (mschr.); J.E.Skydsgaard, Varro the Scholar. Studies in the First Book of Varro's de re rustica, Kopenhagen 1968; R.Martin, Recherches sur les agronomes latins et leurs conceptions économiques et sociales, Coll.d'ét.anc., Paris 1971; B.Tilly, Varro the Farmer, London 1973; K.D.White, Roman Agricultural Writers I, Varro and his Predecessors, ANRW I 4, Berlin/NewYork 1973,439-497

Das einzige vollständig erhaltene Werk Varros handelt von der Landwirtschaft. Obwohl das Thema in der umfangreichen Schriftstellerei des Autors eine Ausnahme darstellt, ist es doch geeignet, in die Arbeitsweise und Eigenheiten des Autors einzuführen und sei daher hier an die erste Stelle gerückt. Unsere Überlieferung geht i.W. zurück auf einen verlorenen Codex Marcianus, eine Sammelhandschrift, die auch die anderen landwirtschaftlichen Schriften der Römer, Cato und Columella, enthielt.

De re rustica umfaßt drei Bücher und gehört zur Fachliteratur, wie vorher das Werk des älteren Cato und später das des Columella, doch wird der nüchterne Stoff durch die Behandlung in Dialogen und durch manche unterhaltsame Elemente für den Leser auch immer wieder aufgelockert. Der Stoff ist wie folgt verteilt: Buch I handelt vom Feld- und Obstbau, *de agricultura* im eigentlichen Sinne, Buch II von der Großviehhaltung in der Weidewirtschaft, *pastio agrestis*, Buch III von der Kleinviehhaltung auf dem Hof, *pastio villatica*. Die Dialoggestaltung entspricht i.W. der bei Cicero; es gibt kein spontanes aus Frage und Antwort sich entwickelndes Gespräch, das auch überraschende Wendungen nehmen könnte, wie bei Platon, sondern der Autor setzt im Verfolg seiner Planung die Teilnehmer mit kleinen oder größeren Vorträgen ein, deren Thema und Reihenfolge schon zu Beginn feststeht. Cicero hat hier auf die Dialoge der peripatetischen Schule (Aristoteles, Dikaiarch) zurückgegriffen, die auch Varro aus eigener Lektüre kannte. Jedes der drei Bücher hat eine eigene Widmung, eigene Teilnehmer in eigener Szenerie mit fiktiver Zeitstellung. Es handelt sich also um drei von einander unabhängige Gespräche.

Buch I beginnt der Autor mit einer Ansprache an seine Gattin Fundania:

Otiu<m> s<i> essem consecutus, Fundania, commodius tibi haec scriberem, quae nunc, ut potero, exponam cogitans esse properandum, quod, ut dicitur, si est homo bulla, eo magis senex; annus enim octogesimus admonet me, ut sarcinas conligam, antequam proficiscar e vita. (nach einem Vergleich mit den Libri Sibyllini und ihrem Nutzen auch für die Nachwelt:) *scribam tibi tres libros indi-*

ces, ad quos revertare, siqua in re quaeres, quem ad modum quidque te in colendo oporteat facere.

Er spricht als Achtzigjähriger, also etwa 37 v.Chr., und widmet Fundania, die soeben ein Landgut gekauft hat, alle drei Bücher. Im Bewußtsein seines hohen Alters entschuldigt er die rasche Niederschrift und Mängel in der Ausführung (*commodius scriberem*), die auch tatsächlich in Komposition und Stil unübersehbar sind. Mit der Formulierung *tres libros indices* (Verzeichnis) unterstreicht er den Informationscharakter. Typisch schon hier die launige Formulierung *homo bulla*, der Mensch ist nur eine Luftblase, erst recht der Greis, und der Soldatensprache entnommen *ut sarcinas conligam*, meine Sachen packen, ehe ich aus dem Leben aufbreche.

Die beiden folgenden Bücher tragen eigene Widmungen: Buch II für den Viehzüchter Turranius Niger (praef.6): *quoniam de agri cultura librum Fundaniae uxori propter eius fundum feci, tibi, Niger Turrani noster, qui vehementer delectaris pecore .... de re pecuaria*, Buch III für Pinnius (3,1,10) mit der Begründung, er wolle dessen prächtige und sogar mit eigenen Schriftwerken geschmückte Villa seinerseits noch mit Profit (*quo ornatior ea esse posset fructu*) schmücken. Ein Widerspruch zwischen der Widmung aller drei Bücher an Fundania und der besonderen Widmung der Bücher II und III ist ebensowenig zu sehen wie bei *De lingua Latina*; Schlüsse auf die Zeit der Veröffentlichung erlaubt dieser Befund nicht.

Buch I setzt die Szene in den Tempel der Tellus während der *feriae sementivae* (im Januar), ohne das Jahr näher zu bestimmen. Die Erwähnung des Lucullus (gest. 57) muß nicht auf ihn als Lebenden bezogen werden, wohl aber scheint die Kalenderreform Caesars vorausgesetzt zu sein (1,28). Den Dialog im Buch II verlegt Varro selbst in die Zeit des Seeräuberkriegs 67 v.Chr.: *tum cum piratico bello inter Delum et Siciliam Graeciae classibus praeessem.* Vermutlich ist die Küste von Epirus, wo Atticus und andere Gesprächsteilnehmer ihre großen Herden besaßen, als Ort des Gesprächs zu denken. Darauf mag die Anrede Epirotae an die Mitunterredner verweisen. Das Fehlen der Ortsangabe kann durchaus Varro selbst und nicht einer Textlücke am Ende des Proöms zugeschrieben werden. Die Zeitangabe folgt aus der Wahl des Ortes (Epirus), wo Atticus und wohl auch die übrigen Unterredner sich häufig aufhielten, Varro aber nur ausnahmsweise. Auch in den Büchern I und III ist die Wahl des Ortes primär und steht in Bezug zum Thema, die fiktive Zeit ist weniger wichtig. Szene im Buch III ist die sog. Villa Publica auf dem Marsfeld anläßlich der Wahlen der kurulischen Aedilen; Mitunterredner ist der Augur (seit 63) Ap.Claudius Pulcher, der noch vor Pharsalus (48) starb. Auch die Beschreibung von Varros Vogelhaus in Casinum ohne Erwähnung der Verwüstungen durch M. Antonius und der Hinweis auf den Streit zwischen Reatinern und Interamnaten (3,2,3) weist auf die Zeit vor dem Bürgerkrieg in den fünfziger Jahren. Wenn 3,17,3 Caesar Muränen zu einem horrenden Preis angeboten werden und Plinius diesen Umstand mit Caesars Triumph als Dictator verbindet, so mag hier ein Lapsus Varros vorliegen.

Entgegen der These Martins, die Bücher II und III seien längere Zeit vor Buch I veröffentlicht, spricht nichts gegen eine rasche Niederschrift des ganzen Werkes um 37 v.Chr. (Flach). Auch ist in früheren Werken kein besonderes Interesse an Fragen der Gutswirtschaft festzustellen. Als begüterter Landbesitzer hatte er natürlich Gelegenheit, sich mit Ackerbau und Viehzucht und mit der Vermarktung der Erzeugnisse zu befassen, auch seine Aufenthalte in Spanien und im Osten brachten Kenntnisse ein, auf die er sich des öfteren bezieht. Er selbst nennt 1,1,11 drei Quellen seines Wissens: *ea erunt ex radicibus trinis: et quae ipse in meis fundis colendo animadverti et quae legi et quae a peritis audii.* Wo wir von ihm genannte griechische Quellen noch kontrollieren können, wie bei Theophrast, lassen sich manche Flüchtigkeiten und Mißverständnisse des Textes nachweisen.

Im ersten Buch folgt auf die Widmung an Fundania eine Anrufung von zwölf Göttern, die für den Landmann wichtig sind. Paarweise geordnet, von Iuppiter und Tellus bis Lympha und Bonus Eventus, sind sie offenbar vom Autor zusammengestellt und nicht aus dem Kult übernommen. Anders als bei Cato und Vergil spielt denn auch im Werk die praktische Frömmigkeit des Bauern keine Rolle; von den Sondergöttern des Landbaus, die er in den *Antiquitates* aufzählt, ist hier keine Spur.

Nach einer Liste der griechischen Autoren – lateinische fehlen trotz der Ankündigung - , die man für Einzelheiten noch konsultieren könnte, werden Szene und Teilnehmer des Gesprächs genannt. Der Tempel der Tellus in Rom ist der passende Ort, Anlaß die Einladung zu einem Essen durch den Tempelverwalter (*aedituus*). Dies gibt sogleich Gelegenheit zu einer gelehrten Anmerkung, verbunden mit Kritik an der Gegenwart (1,2,1): *rogatus ab aeditimo, ut dicere didicimus a patribus nostris, ut corrigimur a recentibus urbanis, ab aedituo.* Dieselbe Bemerkung zu *aeditimus* (*aeditumus*) findet sich auch *De sermone Latino* (Gell.12,10) und *De lingua Latina* 7,12. Da der Verwalter soeben vom zuständigen Aedilen weggerufen wurde, hat er gebeten, auf ihn zu warten, was Agrius mit einer bekannten Redensart glossiert: *voltis igitur interea vetus proverbium, quod est ‚Romanus sedendo vincit', usurpemus, dum ille venit?* Tatsächlich kommt der Verwalter nicht zurück, statt seiner am Ende des Buches (1,69,2) sein Freigelassener in Tränen mit Entschuldigungen wegen der Verspätung und der Bitte, ihn am nächsten Tag zur Bestattung seines Herrn zu begleiten. Allgemeine Bestürzung und Fragen. Die Erklärung: sein Herr sei in der Menge niedergestochen worden und vom Täter habe man nur den Ausruf gehört, es sei ein Versehen gewesen. Nach einer wortreichen Entschuldigung des Freigelassenen, er habe zuerst seinen Herrn nach Hause geschafft und nach dem Arzt geschickt, ehe er zu den Gästen gekommen sei, verlassen die Teilnehmer den Tempel, ohne ihm die Verspätung übel zu nehmen (*non moleste ferentes*). Das Geschick in der Skizzierung dieser Szene, mit der das erste Buch effektvoll schließt, rechtfertigt es, sie hier zu zitieren:

> *Cum haec diceret, venit libertus aeditumi ad nos flens et rogat ut ignoscamus, quod simus retenti, et ut ei in funus postridie prodeamus. Omnes consurgimus ac simul exclamamus 'Quid? In funus? Quod funus? Quid est factum?' Ille flens narrat ab nescio quo percussum cultello concidisse, quem qui esset animadvertere in turba non potuisse, sed tantum modo exaudisse vocem, perperam fecisse.....Nec si eum servare non potuisset, quin non multo post animam efflaret, tamen putare se fecisse recte. Non moleste ferentes descendimus de aede et de casu humano magis querentes quam admirantes id Romae factum, discedimus omnes.*

Dieser Buchschluß zeigt Varro als guten Erzähler – man beachte, wie der Freigelassene in seiner Aufregung gleich vom Begräbnis spricht und erst auf Fragen vom Tod seines Herrn – und wie nebenbei als Zeitkritiker, der sich nicht wundert, daß in Rom solche Zwischenfälle fast alltäglich sind. Mit dem Thema des Werkes hat dies nichts zu tun, und die Erörterung ist ohnedies eben genau nach Plan zum Schluß gekommen. Aber eine gute Geschichte läßt sich der Autor offenbar nicht gern entgehen.

Das Eingangsgespräch wendet sich 1,2,3 den Vorzügen Italiens zu, dessen klimatische Ausgeglichenheit zwischen Kälte und Hitze alle wichtigen Nutzpflanzen gedeihen läßt und zwar in hervorragender Qualität. Diese dem Römer auch sonst liebe Vorstellung hat bald darauf Vergil in den *Georgica* 2,136 ff. dichterisch gestaltet. Für Varro ist wichtig, neben dem Ertrag, der Aufwand und Arbeit entspricht, die Gesundheit (*salubritas*) hervorzuheben. Mehrfach spricht er diesen Aspekt an (1,4,3-5; 1,6; 1,12). 1,4,5 erinnert er daran, wie er in Corcyra (wohl nach Pharsalus 48 v.Chr.) bei einer Fieberepidemie sein Gefolge durch Verlegung der Fenster und der Tür vor ungesunden Lüften schützte und so gesund erhielt. Auf die Gefahren sumpfiger Gebiete mit ihrer schlechten Luft verweist er 1,12. Es ist bemerkenswert, daß er dort die Ansteckung mit für unsere Augen unsichtbaren Tierchen verbindet: *animalia quaedam minuta, quae non possunt oculi consequi et per aera intus in corpus per os ac nares perveniunt atque efficiunt difficilis morbos* (dazu K.Sallmann, Gymnasium 83,1976,216-225).

Auf eine Diskussion über die Scheidung von Ackerbau und Viehzucht folgen noch einige theoretische Vorbemerkungen zur Sache: Ackerbau ist eine Kunst (*ars*) und zwar eine notwendige und wichtige, beruhend auf der Kenntnis (*scientia*) dessen, was zu tun ist (1,3) und mit dem zweifachen Ziel des Nutzens und Vergnügens (1,4,1): *agricolae ad duas metas dirigere debent, ad utilitatem et voluptatem. Utilitas quaerit fructum, voluptas delectationem; priores partes agit quod utile est quam quod delectat.* Dem Nutzen wird zwar der Vorrang eingeräumt, aber ein ansprechend angelegtes Gut bringt nicht nur mehr Ertrag (so auch 1,7,2), sondern ist auch besser verkäuflich. Freilich finden wir hier nicht die Freude am Wachstum der Feldfrucht, die Cicero *de senectute* 51 ff. dem alten Cato in den Mund legt, aber Varro sieht doch den erfreulichen Anblick des im Obstspeicher (*oporotheca*) eingelagerten und gefällig arrangierten Obstes (1,59,2 *in venustate disposita pomorum*). Wir erfahren, daß manche Zeitgenossen dort sogar ein Essen gaben, wie andere in der Bildergalerie (*pinacotheca*), und von Varros Vogelhaus auf seinem Gut bei Casinum sagt Appius, es sei *animi causa* errichtet.

Im achten Buch *De lingua Latina* widmet Varro dem Miteinander von Nutzen und Vergnügen eine eigene Digression (8,31): *quod si quis duplicem putat esse summam, ad quas metas naturae sit perveniendum in usu, utilitatis et elegantiae*...Als Beispiele nennt er Kleidung, Architektur und Tischgeschirr. Dabei dient der Nutzen der bloßen Existenz, die Verfeinerung, an der wir Freude haben, der Kultur des Menschen: *aliud homini, aliud humanitati satis est*. Die aus der stoischen Philosophie stammende Verbindung von *utilitas* und *voluptas* (*elegantiae, honestum*) wird *ling*.8,31 als Argument gegen die Analogie in der Sprache gebraucht (*ex dissimilitudine plus voluptatis quam ex similitudine saepe capitur* (Dahlmann 1940 z.St.; s.u.S.38).

2 a Gliederungen

Das Begriffspaar Nutzen – Vergnügen führt zu den Schemata, die Ordnung in die Fülle des Stoffes bringen sollen, ihn bei starrer oder exzessiver Anwendung aber auch unangemessen einengen können. Ausgehend von *De re rustica* seien hier Beispiele auch aus anderen Schriften vorgestellt. Nach den *partes agriculturae* wird 1,5 gefragt. Scrofa benennt vier Hauptteile: A. Boden (1,6-16), B. notwendige Einrichtung (1,17-22), C. notwendige Tätigkeiten (1,23-26), D. zeitliche Ordnung dieser Tätigkeiten (1,27-37,3). Alle vier Teile lassen sich wieder zweiteilen: A. Boden und Gebäude, B. Menschen und sonstiges Gerät, C. Vorbereitung und Durchführung, D. Orientierung nach Sonnenlauf und Mondumlauf. Dieser auf den ersten Blick klaren Gliederung folgt Scrofa in den Hauptpunkten, aber nicht konsequent in den Untergliederungen (Skydsgaard 1968,12 ff.). So wird 1,17,1 die Zweiteilung von B nur erwähnt: *alii dividunt in duas partes ... alii in tres partes*, durchgeführt wird eine Dreiteilung: *instrumentum vocale, in quo sunt servi, semivocale, in quo sunt boves, mutum, in quo sunt plaustra*.

Den vier Hauptteilen liegt ein Schema zugrunde, das sich vielfach auf Tätigkeiten anwenden läßt. Die vier Kategorien Raum und Zeit, Handlung und Handlungsträger entsprechen den Fragen Was geschieht? Wo? Wann? Durch Wen oder Was?. Die Reihenfolge kann wechseln, hier sind es A. *Locus*, B. *Homines/instrumenta*, C. *Res*, D. *Tempora*.

Varro führt *ling*.5,11 dieses Schema auf das pythagoreische Gegensatzpaar *status et motus* zurück:

quod stat aut agitatur, corpus, ubi agitatur, locus, dum agitatur, tempus, quod est in agitatu, actio. Quadripertitio magis sic apparebit: corpus est ut cursor, locus stadium qua currit, tempus hora qua currit, actio cursio....(5,12) *Igitur initiorum quadrigae locus et corpus, tempus et actio.*

Diese *quattuor genera prima rerum, totidem verborum* (5,13), mit denen Varro stoischer Lehre folgt (Dahlmann 1932,37 f.), möglicherweise durch Vermittlung des Antiochos (ausführlich zur *Quadripertitio* G.Piras, Varrone e i *poetica verba*, Bologna 1998,25-56), liegen den Büchern V und VI *De lingua Latina* zugrunde (auch 7,5 und 8,12 erwähnt), bestimmen aber auch den Aufbau der *Antiquitates rerum humanarum et divinarum*. In der Menippea *Nescis, quid vesper serus vehat* wurde das Schema bereits verwendet (fr.335 *ap.Gell.*13,11): *convivium constat ex rebus quattuor ... , si belli homunculi conlecti sunt, si electus locus, si tempus lectum, si apparatus non neglectus* (Spiel mit *legere* und seinen Composita). Auch dort will Varro Vergnügen und Nutzen verbinden: *sermones ... cum quadam inlecebra et voluptate utiles*. Dem *Eisagogicus* ad Pompeium gab Varro dieselbe Struktur (Gellius 14,7).

Zurück zu Buch I *De re rustica*. Den Hauptpunkt A (*de solo fundi*) gliedert Scrofa 1,6 in vier Teile: Bodengestalt (*forma naturalis/ forma culturae*), Bodenbeschaffenheit (*terra*), Größe (*modus*) und Einhegung zum Schutz (*saepta*). Charakteristisch ist die Behandlung der Böden (*terra*) 1,7,5 ff. Ein allgemeiner Gedanke, daß Pflanzen bezüglich Boden und Klima an Voraussetzungen gebunden sind, führt über eine Zwischenbemerkung Stolos zu einer Digression über den profitablen Anbau der Weinrebe in verschiedenen Gegenden und mit verschiedenen Techniken (1,8), die eigentlich nicht hierher, sondern in den dritten Hauptteil (C) über den Anbau gehört.

Die Besprechung der Böden wird 1,9 eingeleitet mit einer semantischen Notiz über das Wort ‚*terra*' in drei Bedeutungen: *tribus modis dicitur, communi* (*orbis terrae, terra Italia*), *proprio* (Erde, Humus) *et mixto*. Nur die letzte Bedeutung ist hier relevant. Scrofa nennt elf Bestandteile des Bodens (z.B.Stein, Sand, Kreide). Jede Sorte kann in drei Mischungsverhältnissen mit Erde auftreten. Der Boden kann z.B. sehr steinig sein, in mittlerem Maße steinig oder frei von Steinen. Alle diese 33 Böden lassen sich weiter gliedern in feuchtere, trockenere und ausgeglichene, womit man auf 99 Unterarten kommt. Dazu kommen noch Farbunterschiede. Nur wird dann kein Gebrauch von dieser Gliederung gemacht, sondern es erscheint eine andere, auch sonst geläufige Dreiteilung in magere, fette und mittlere Böden. Hierfür fehlt freilich jede Definition. Man gewinnt den Eindruck, daß solche Gliederungen sich verselbständigen können und wieder fallengelassen werden, wenn sich zeigt, daß sie keinen praktischen Wert haben.

Daß Varro sich der Problematik bewußt ist, zeigt ein anderes Beispiel. In Buch II über die Viehhaltung beginnt Tremellius Scrofa, der schon im ersten Buch eine wichtige Rolle als Fachmann erhielt, den Sachvortrag 2,1,12 mit einer Gliederung in neun Teile: das Kleinvieh Schaf, Ziege, Schwein, das Großvieh Rinder, Esel, Pferde, und die nur mittelbar dem Ertrag dienenden Maultiere, Hunde und Hirten. Für jede Gruppe sind neun Punkte zu beachten: vier betreffen die Anschaffung, vier die Haltung, ein allgemeiner die Anzahl (2,1,12): *ita fiunt omnium partes minimum octoginta et una, et quidem necessariae nec parvae*. Damit ergeben sich 81 Unterarten. Hier erhebt nun Atticus 2,1,25 den Einwand, daß zwei Punkte, Begattung und Wurf, bei den Maultieren und eigentlich auch bei den Hirten wohl nicht anzuwenden seien. Es ist Varro selbst, der sich zu Wort meldet (2,1,26): *Sic, inquam, numerus non est, ut sit ad amussim, ut non est, cum dicimus mille naves isse ad Troiam, centumvirale esse iudicium Romae. Quare deme, si vis, duas res de mulis, admissuram et parturam*. Zwar taugt der Vergleich mit pauschalen Zahlenangaben über die Flotte vor Troia und die Bezeichnung Hundertmännergericht eigentlich nicht, doch weist er offenbar zu große Pedanterie zurück (*ad amussim* – mit dem Lineal gemessen). Und tatsächlich ist der Autor kein Pedant, wenn er schematische Gliederungen gern aufstellt und bis in feine Verästelungen auszieht, aber dann auch wieder fallenläßt, wie oben zu *rust.*1,9 schon gezeigt wurde.

Besonders weit geführt hat Varro die Gliederung im *Liber de philosophia*, überliefert bei Augustinus *de civitate Dei* 19,1 (s.u.Kap.7). Es geht um die Ziele der philosophischen Ethik, *fines bonorum et malorum*. Vier Ziele streben die Menschen von Natur aus, vor jeder Philosophie, an: *voluptas, quies* (Schmerzlosigkeit), *utraque* (Epikurs *ἡδονή), prima naturae* (das erste Naturgemäße). Diese kann man um der Tugend (*virtus*) willen erstreben, oder die Tugend um ihretwillen, oder beide um ihrer selbst willen. Durch weitere Unterscheidungen (*differentiae*) lassen sich diese 12 Haltungen dreimal verdoppeln auf 96 und wieder verdreifachen. Die so erreichten 288 ‚*sectae*' oder Schulen reduziert Varro sogleich wieder auf 12, da die weiteren Unterscheidungen nicht das eigentliche Ziel selbst betreffen, sondern den Weg. Schließlich bleiben nur drei Möglichkeiten im Verhältnis zur Tugend, da die *prima naturae* auch *voluptas* und *quies* umfassen. Auch hier sehen wir, wie der Pragmatiker am Ende die Subtilitäten beiseite schiebt. Übrigens ist Varro auch in der *Menippea* περὶ αἱρέσεων (Über die philosophischen Richtungen) mit dem Bild des Scheideweges (*compitum*) ähnlich verfahren (fr.402): *porro inde ab uno quoque compito ternae viae oriuntur, e quibus singulae exitum ac telos habent proprium. A primo compito dextimam* (ganz rechts) *viam munit Epicurus*.

2 b Kulturgeschichte

Buch II *De re rustica* leitet Varro mit einer Betrachtung über den Wert des Landlebens ein:

> *Viri magni nostri maiores non sine causa praeponebant rusticos Romanos urbanis. Ut ruri enim qui in villa vivunt ignaviores quam qui in agro versantur in aliquo opere faciendo, sic qui in oppido sederent quam qui rura colerent desidiosiores putabant. Itaque annum ita diviserunt, ut nonis modo diebus urbanas res usurparent, reliquis septem ut rura colerent. (2) Quod dum servaverunt institutum, utrumque sunt consecuti, ut et cultura agros fecundissimos haberent et ipsi valetudine firmiores essent ac ne Graecorum urbana desiderarent gymnasia. Quae nunc vix satis singula sunt, nec putant se habere villam, si non multis vocabulis retineant Graecis, quom vocent particulatim loca procoetonam, palaestram, apodyterion, peristylon, ornithona, peripteron, oporothecen. (3) Igitur quod nunc intra murum fere patres familiae correpserunt relictis falce et aratro et manus movere maluerunt in theatro ac circo quam in segetibus ac vinetis, frumentum locamus qui nobis advehat, qui saturi fiamus, ex Africa et Sardinia, et navibus vindemiam condimus ex insula Coa et Chia. (4) Itaque in qua terra culturam agri docuerunt pastores progeniem suam qui condiderunt urbem, ibi contra progenies eorum propter avaritiam contra leges ex segetibus fecit prata, ignorantes non idem esse agri culturam et pastionem.*

Diese hier etwas länger zitierte Passage zeigt unseren Autor in seiner Einschätzung des Landlebens ganz in der Nachfolge Catos, der im Prooemium *De agri cultura* dieselben Gedanken ausspricht (später wieder aufgenommen von Columella). Beide berufen sich auf die Maiores, wobei Varro mit der Doppelbedeutung von *magni - maiores* zu verstehen gibt, daß die ‚Älteren' nicht nur ‚Große Männer', sondern auch ‚Größere' waren. In drei Stufen wird eine Linie der Dekadenz gezogen vom Landarbeiter auf dem Feld über den Bewohner des Gutshofes zum Städter. Auch die Einrichtung der Markttage, der Nundinae, kann zeigen, wie sehr die städtischen Angelegenheiten zurücktraten: sieben Tage ländliche Arbeit, ein Tag in der Stadt. Daraus erwuchs ein doppelter Vorteil: guter Ertrag der Felder und gute Gesundheit. Beides hatte Varro schon in Buch I hervorgehoben. Hier kommt Kritik an der neumodischen Nachahmung griechischer Sitte und griechischer Wörter hinein. Das griechische Gymnasium war bei der gesunden Lebensweise der Alten zur Körperertüchtigung nicht nötig und ironisch glossiert er den Anspruch vieler Gutsbesitzer auf vornehme Ausstattung mit vornehmen griechischen Bezeichnungen. Genannt werden ein Vorraum des Schlafzimmers, der Sportplatz, der Auskleideraum im Bad, ein Säulengang, Vogelhaus, ein Säulenbau (vielleicht ein Pavillon) und der Obstspeicher. Übrigens hat Varro selbst auf seinem Gut bei Casinum ein Vogelhaus, ein Ornithon, und scheut sich keineswegs, dieses und andere griechische Wörter zu gebrauchen (3,5,8 *ornithon, archetypos, ornithotrophion, pe-*

ristylus, exedra. Spöttisch formuliert: *patres familiae intra murum correpserunt* – sie haben sich hinter der Stadtmauer verkrochen und wollten lieber die Hände im Theater zum Beifall rühren als im Acker und Weinberg. Dies scheint ein auch sonst gebrauchter Witz zu sein; Cicero schreibt 44 v.Chr. an Atticus (*Att.*16,2,3): *Mihi stomachi et molestiae est populum Romanum manus suas non in defendenda re publica, sed in plaudendo consumere.* Die Klage, daß man nun die Einfuhr von Getreide und Wein nach Italien verdingen (*locare*) muß, um satt zu werden, ist ebenso sarkastisch wie der Ausdruck *navibus vindemiam condimus* – wir bringen unsere Weinernte mit Schiffen ein. So haben in dem Land, in dem Hirten (die Gründer Roms) ihre Nachkommen zum Ackerbau anleiteten, eben diese Nachkommen aus Habsucht Ackerland in Weiden umgewandelt.

Der Passus mag auch zum Stil Varros Hinweise geben: die Konjunktion *quom* (überliefert *quum*) statt des jüngeren ‚*cum*' verwendet Varro noch zweimal in diesem Werk und mehrfach in *De lingua Latina*. In dem Passus *frumentum locamus qui nobis advehat, qui saturi fiamus*, steht das erste ‚*qui*' für ‚*ei qui*' (dem, der) , ist also Nom.Sing., das zweite ‚*qui*' für ‚*quo*' im Sinne von ‚*ut eo*' (damit dadurch), und ist der alte Ablativ. Sprachlich unklar ist der Bezug von *qui condiderunt urbem* auf *pastores* (meist so verstanden) oder *progeniem* (Flach). Doch 2,1,9 werden die Gründer Roms, Romulus und Remus, eindeutig zu den Hirten gerechnet.

Das Gespräch über die Viehwirtschaft, dessen Ort wir wohl in Epirus ansetzen müssen, eröffnet Varro selbst mit einer Darlegung über Urpsrung und Ansehen (*origo* und *dignitas*) des Hirtenlebens (2,1,1-10). Den dritten Teil, *scientia* oder *ars pastoralis*, überläßt er dem Sachverständigen Scrofa; denn er macht deutlich, daß er sich selbst hier nicht als Fachmann betrachtet (2,1,3): *non quo non ego pecuarias in Italia habeam, sed non omnes qui habent citharam sunt citharoedi* (*praef.*6: *et ipse pecuarias habui grandes, in Apulia oviarias et in Reatino equarias* , also Schafherden in Apulien und Gestüte in der Gegend von Reate). Anders steht es mit seinen aus Forschung gewonnenen Kenntnissen (2,1,2): *Ego vero, inquam, dicam dumtaxat quod est historicon, de duabus rebus primis quae accepi, de origine et dignitate.*

Zum Ursprung holt Varro weit aus: Menschen und Tiere muß es immer schon gegeben haben - zur griechischen Lehre werden kurz Thales und Zenon, Pythagoras und Aristoteles genannt - , aber eine Entwicklung bis zum heutigen Stand ist anzunehmen: *necesse est humanae vitae a summa memoria gradatim descendisse ad hanc aetatem.* Zum Verständnis sei gesagt: *descendisse* – herabsteigen – ist hier nicht im Sinne einer moralischen Deszendenztheorie gebraucht, die Varro hier fernliegt, sondern neutral. Dikaiarch von Messene ist als Gewährsmann zitiert; Varro kann hier seine eigenen Arbeiten *De gente populi Romani* und *De vita populi Romani* auswerten. Die früheste Stufe (*summus gradus*) war die *vita naturalis*, als die Menschen sich von dem nährten, was die Natur selbst anbot (s.u. Kap.5).

Von da aus gingen sie zur *vita pastoricia* über und zähmten Tiere, zuerst das Schaf wegen seiner vielseitigen Nützlichkeit und Sanftheit. In einer dritten Stufe ging man über zum Ackerbau. Dabei wurde aus den beiden früheren Stufen vieles beibehalten und man machte Fortschritte, bis der Ackerbau zu uns (den Römern) kam (2,1,5): *processerunt longe, dum ad nos perveniret*. Man beachte den unklassischen Subjektswechsel *homines – agri cultura*. Bemerkenswert sind die folgenden Hinweise auf Wildformen von Haustieren in verschiedenen Gegenden der Mittelmeerländer wie Phrygien, Samothrake, Thrakien und Spanien, wobei eigene Anschauung nicht auszuschließen ist.

Das Ansehen des Hirtenstandes wird belegt aus der griechischen Dichtung und Mythologie, Sternbildern, geographischen Namen, aus der Gründungsgeschichte und dem Geldwesen Roms, schließlich aus den römischen Namen, wovon ja gerade in diesem Werk reichlich Gebrauch gemacht wird.

Die kulturgeschichtlichen Betrachtungen werden fortgesetzt in der Einleitung zu Buch III. Anknüpfend an das Lob des Landlebens zu Beginn von Buch II werden hier die Ursprünge des städtischen Lebens in den Blick genommen. (*rust*.3,1,1):

> *Cum duae vitae traditae sint hominum, rustica et urbana, quidni, Pinni, dubium non est quin hae non solum loco discretae sint, sed etiam tempore diversam originem habeant. Antiquior enim multo rustica, quod fuit tempus, cum rura colerent homines neque urbem haberent.*

Die älteste Stadt in Griechenland soll das böotische Theben gewesen sein, vom König Ogygos erbaut, im römischen Gebiet natürlich Rom, von König Romulus gegründet. Aber auch das Alter Thebens von etwa 2100 Jahren ist nicht zu vergleichen mit der viel längeren davor liegenden Zeit des Ackerbaues ohne Städte. Der höhere Rang des Ackerbaus wird bewiesen durch das Verhalten der Vorfahren, die die Bürger auf das Land verwiesen, die die Erde nicht ohne Grund Mutter und Ceres nannten und die Bauern als letzte aus dem Stamme des Königs Saturnus ansahen. Dann meldet sich der Sprachgelehrte zu Wort (3,1,6): *Nec minus oppidi quoque nomen Thebae indicat antiquiorem esse agrum, quod ab agri genere, non a conditore nomen ei est impositum. Nam lingua prisca et in Graecia Aeolis Boeoti sine afflatu vocant collis tebas, et in Sabinis, quo e Graecia venerunt Pelasgi, etiam nunc ita dicunt, cuius vestigium in agro Sabino via Salaria non longe a Reate miliarius clivus cum appellatur tebae*. Ein griechisches bzw. böotisches Wort τῆβαι – Hügel - ist sonst nicht belegt. Hingegen ist Varros Vorliebe für die Herleitung griechischer Wörter aus dem Äolischen (*Aeolis* hier nom.pl. für Αἰολεῖς) mehrfach bezeugt, z.B. *rust*.3,12,6, *ling*.5,25; 5,102. Von da schlägt er eine Brücke zu den Sabinern vermittels der sagenhaften Pelasger, in denen man die Ureinwohner sowohl Griechenlands wie auch

Italiens sehen konnte. In seiner Heimat kennt er einen Hang von einer Meile Länge, den man auch *tebae* nennt. Sogar die genaue Lage an der Via Salaria unweit von Reate gibt der Reatiner an.

Die Angaben über die älteste Stadt zur Zeit des Königs Ogygos lassen wieder an Dikaiarch von Messene und Varros Werk *De gente populi Romani* denken, vielleicht auch die folgende Bemerkung über den gleitenden Übergang und das Nebeneinander von *agricolae* und *pastores* (3,1,7/8).

Es folgen in Buch III die Begründung zur Stellung dieses Buches im Werk und der Widmung an Pinnius, die Szene des Gesprächs und die Teilnehmer. Erstmals in der einschlägigen Literatur will Varro die Kleinviehhaltung bei der Villa rustica, die *villatica pastio*, in einem eigenen Buch behandeln. Sie umfaßt Geflügel, nämlich Pfauen, Tauben, Turteltauben, Hühner, Gänse und Enten, Wild in Gehegen (*leporaria*) wie Hasen, Kaninchen und Wildschweine, schließlich Schnecken, Haselmäuse und Bienen, am Ende die Fischteiche. Zwei Themen sind mit besonderem Interesse behandelt: Varros Vogelhaus auf seiner Villa bei Casinum (heute Cassino) und die Bienenzucht.

Einige Bemerkungen zur Bienenhaltung seien hier eingefügt. Varro beginnt mit der Entstehung der Bienen teils aus Bienen, d.h. durch natürliche Zeugung, teils durch die sog. Bugonie aus dem Kadaver eines Rindes, die in Vergils viertem Buch der *Georgica* eine zentrale Stellung erhält. Varro belegt sie durch ein griechisches Zitat, geht aber weiter nicht darauf ein. Wichtiger ist, was er über die Natur der Bienen sagen kann (3,16,4): *Apes non sunt solitaria natura, ut aquilae, sed ut homines. Quod si in hoc etiam faciunt graguli, at non idem, quod hic societas operis et aedificiorum, quod illic non est, hic ratio atque ars, ab his opus facere discunt, ab his aedificare, ab his cibaria condere.* Der Vergleich mit den Menschen ist deutlich. Bienen sind keine Einzelgänger, wie die Adler, sondern gesellige Wesen, wie Menschen. Anders als die Dohlen, die ja auch gesellig sind, haben sie eine Gemeinschaft (*societas*) ihrer Arbeit und ihrer Bauten, ja eine vernunftgesteuerte Kunstfertigkeit (*ratio atque ars*). Man weiß nicht so recht, ob man als Subjekt von ‚*discunt*' andere Tiere oder sogar Menschen annehmen soll. Und kurz darauf, nach dem Lob der sechseckigen Wabe und des Honigs, der Göttern und Menschen willkommen ist, heißt es lapidar (3,16,6): *Haec ut hominum civitates, quod hic est et rex et imperium et societas.*

Vergil hat die Anregung, die er bei Varro finden konnte, in seine ganz andere Konzeption des vierten Georgica-Buches übernommen, daneben noch, wie es scheint, eine kleine Episode. Zum Ertrag des Honigs trägt Merula eine Geschichte bei, die er von Varro gehört habe (*rust.*3,16,10). Dieser habe in Spanien unter seinen Soldaten zwei reiche Brüder Veianii aus dem Gebiet der Falisker in Italien gehabt, deren Vater ihnen nur ein kleines Haus und ein Stück Land von nicht mehr als einem Morgen hinterlassen habe. Das Haus hätten sie mit Bienenstöcken umgeben, einen Garten angelegt und das übrige Land mit Thymian, Klee und Melisse bepflanzt. Aus dem Honig hätten sie im Durchschnitt zehntausend Sesterzen erzielt.

Vergils Schilderung des Gartens, den der korykische Greis sich auf einem kleinen und wenig fruchtbaren Land angelegt hat (*georg.*4,125-148), ist gewiß durch Varro angeregt, wie man mehrfach bemerkt hat, aber von ganz anderem Ethos. Der Greis Vergils ist nicht reich, sondern genügsam und glücklich, seine innere Haltung macht ihn reich wie ein König (4,132): *regum aequabat opes animis*. Varro und seine Mitunterredner blicken auf den Ertrag, und der wird ganz selbstverständlich in Geld bemessen. Das Staunen und die Freude an den kleinen Wesen fehlt nicht, aber *fructus* und *utilitas* stehen voran.

2 c Dicacitas und Hilaritas in Varros Res Rusticae

H.E.Wedeck, Humour in Varro and Other Essays, Oxford 1929; E.Laughton, Humour in Varro, in: Varron, grammaire antique etc. 1978, 105-111

Hans-Jürgen Horn zum 65.Geburtstag

Witz und Humor gehören zur Gestaltung der Dialoge, doch ist es vielleicht vorzuziehen, nach dem Vorgang M.von Albrechts (AU VI 2,1963,47 ff.) hier die lateinischen Termini zu verwenden, die Cicero in seinem zweiten Buch über den Redner anbietet (*de orat.*2,216 ff.: *dicacitas* und *perpetua festivitas* bzw. *hilaritas*). So mag hier *dicacitas* für den Wortwitz und das Wortspiel stehen, *hilaritas* für andere Formen einer launigen Darstellung. Diesen Begriff legt Cicero *acad. post.*2,1,8 Varro selbst in Bezug auf seine Menippeen in den Mund. Nicht alle im folgenden aufgeführten Beispiele sind witzig oder lustig, aber sie sind geeignet, ein Lächeln oder Schmunzeln zu erregen und unterstreichen auch das urbane Element in den Gesprächen zwischen Freunden und Gleichgestellten.

Besonders auffällig ist die Wahl der Namen für die Gesprächsteilnehmer. Wir finden im ersten Buch Agrius, Agrasius, Fundanius, Scrofa (Mutterschwein) und Stolo (Wurzelsproß), der Gastgeber im Tempel der Tellus heißt Fundilius und gewidmet wird das Buch Varros Frau Fundania. Im Gespräch des zweiten Buches spricht Scrofa über die Schweinezucht und Vaccius über die Rinder; auch ein Vitulus wird erwähnt. Das dritte Buch zur Kleintierhaltung mit der Widmung an Pinnius (*penna*) läßt zuerst Merula (Amsel) über Vogelhäuser sprechen, dann in Vertretung eines gewissen Pavo (Pfau), der durch einen Parra (ein Vogel üblen Omens) abberufen wird, auch über die Pfauen; Appius Claudius Augur spricht über Bienen (*apes*); auch Minucius Pica (Elster) und Petronius Passer (Spatz) sind unter den Teilnehmern. Hier konnte Varro vor allem mit den römischen Cognomina spielen, die bekanntlich häufig aus Übernamen entstanden sind und sich auch sonst für witzige Assoziationen anboten. Bekannt sind Ciceros Witze über Verres und Clodius Pulcher. Er brauchte hier nichts zu erfinden; die vorkommenden Namen sind anderweitig bezeugt und einige der Personen als Zeitgenossen Varros. Man darf davon ausgehen, daß alle hier Genannten tatsächlich Bekannte Varros waren.

Mit der Häufung der Vogelnamen spielt der Autor noch zusätzlich. Im Eingang zur Szenerie des Gesprächs (3,2,2) treffen Varro und Q.Axius, ein Senator, Appius und die vier 'Vögel' beisammen an und Axius sagt lächelnd zu Appius: *Recipis nos in tuum ornithona, ubi sedes inter aves*? Damit nicht genug, antwortet Appius: *Ego vero te praesertim, quoius aves hospitales etiam nunc ructor, quas mihi apposuisti paucis ante diebus in villa Reatina*. Eine double entente von '*ructor*' im Sinne von aufstoßen und erinnern gehört schon zur folgenden Kategorie.

Mehrfach wird mit dem Doppelsinn von Worten gespielt. Die Einleitung zu Buch II thematisiert den Gegensatz Stadt-Land und kritisiert die *Patres familiae*, die nun das Stadtleben und seine Vergnügungen der harten Arbeit auf dem Land vorziehen (2 prooem.3): *manus movere maluerunt in theatro ac circo quam in segetibus ac vinetis*. Auch 3,17,7 wird alte und neue Zeit durch ein Wortspiel verdeutlicht: *celerius voluntate Hortensi ex equili educeres redarias, ut tibi haberes, mulas, quam e piscina barbatum mullum* – leichter könntest du mit Erlaubnis des Hortensius die Maultiere für den Wagen aus seinem Stall haben als eine Seebarbe aus dem Fischteich (Spiel mit *mula* und *mullus*).

Bekannt, fast berüchtigt wurde Varros Übertragung der Begriffe *vocale, semivocale* und *mutum* auf das Werkzeug – *instrumentum* - der Bauern (1,17,1): *genus vocale, in quo sunt servi, semivocale, in quo sunt boves, mutum, in quo sunt plaustra.* (Vgl.W.Hübner,Varros instumentum vocale, Abh.Akad.Mainz 1984). Zwar war Varro u.W. der erste, der diese Dreiteilung auf die Landwirtschaft angewendet hat, doch läßt sie sich auch in der Grammatik und Musik, bei Militärschriftstellern und der Astrologie nachweisen. Die Belege stammen aus der Zeit nach Varro, aber das Schema wird älter gewesen sein. Varro greift es auf, wie er es auch sonst vielfach tut, doch hier wohl nicht ohne Augenzwinkern. Die Übernahme aus der Grammatik ist vielleicht sachlich weniger gut zu begründen als die aus der Musik oder Astrologie, dafür war sie aber jedem geläufig, der beim Grammaticus das lateinische Alphabet gelernt hatte.

Die Einbeziehung der Sklaven in das *instrumentum*, das Gerät des Bauern, entspricht ihrer sozialen und juristischen Stellung und nicht einer besonderen Härte der Behandlung, die bei Varro deutlich humaner ist als bei seinem Vorgänger Cato. Zudem sollte es hier auch als Witz verstanden werden.

Die Szene des dritten Buches bei den *comitia aedilicia* in der sog.Villa publica auf dem Marsfeld wird gleich genutzt, um den Gegensatz zwischen der von den Vorfahren bescheiden errichteten Villa publica und den exquisit ausgestatteten Villen des Axius bei Reate (ein Gutshof mit Landwirtschaft) und des Appius am Rande des Marsfeldes (eine Stadtvilla) kritisch anzumerken. An anderer Stelle (3,4,1) wird das Wort *postprincipia* (Fortgang oder Ausgang einer Sache) durch hinzugefügtes *in castris* auf seine ursprüngliche Bedeutung (hinter dem Lagerplatz am Quartier des Kommandanten) zurückgeführt: *Ego vero ut aiunt post principia in castris, id est ab his temporibus quam superioribus* (sc.*incipere te volo*).

Ein eigener Zugang zu den dargestellten Inhalten ist die Vergegenwärtigung durch Personifizierung oder Beseelung.

1,8,6 wird die Einlagerung der Gabelstützen (*furcillae*) aus der Weinpflanzung so beschrieben: *Dominus simulac vidit occipitium vindemiatoris, furcillas reducit hibernatum in tecta.* Cato *De agri cultura* c.4 zitiert das Sprichwort *'frons occipitio prior est'* – die Stirn (des Herrn) ist besser als der Hinterkopf - , d.h.wichtiger, wenn er kommt und sieht als wenn er wieder geht. Die Stützen werden wie Legionäre angesehen, die der Feldherr in die Winterquartiere führt. Beide Formulierungen geben nicht nur lebhafte Anschauung, sondern auch eine gemütvolle Nähe zu einer an sich ganz nüchternen Tätigkeit. Die Olive gewinnt 1,55,4 ein eigenes Leben, wenn sie nach der Ernte teils zum Verzehr bestimmt, teils gepreßt als Öl innerlich und äußerlich angewendet wird und so auch dem Herrn in die Badeanstalt und auf den Sportplatz folgt: *itaque dominum in balneas et gyminasium* [sic] *sequitur*. Das Öl begleitet den Herrn auch außer Haus wie der Sklave, der es trägt.

Schnecken werden in der Zucht mit Wasser umgeben, damit sie nicht entweichen können; man braucht dann keinen Sklavenfänger zu besorgen: *ne fugitivarius sit parandus* (3,14,2). Auch die Bienen können zu Ausreißern werden, wenn man sie an einen ungünstigen Platz umsetzt: *ubi idonea pabulatio non sit, fugitivae fiunt* (3,16,21). 3,12,7 meint Appius, daß Axius jedenfalls Kaninchen (*cuniculi*, bis zum 2.Punischen Krieg noch auf die iberische Halbinsel beschränkt) züchte, da er ja so lange in Spanien gewesen sei, daß ihn die Kaninchen von dort verfolgt hätten: *quod in Hispania annis ita multis fuisti, ut inde te cuniculos persecutos credam.*

Hier ist auch auf Stellen zu verweisen, an denen der Autor den Tieren menschliche Gefühle zuschreibt. Im Vogelhaus, das für den Gewinn angelegt ist, soll es nur wenige Öffnungen nach außen geben und so angeordnet, daß man die Bäume und Vögel draußen nicht sehen kann, sonst läßt der Anblick und die Sehnsucht nach ihnen die eingesperrten Vögel dahinsiechen (3,5,3): *quod earum aspectus ac desiderium marcescere facit volucres inclusas.* Das Töten der Tiere soll im Vogelhaus in einem eigenen Raum vor sich gehen, damit die anderen nicht den Lebensmut verlieren und zur Unzeit für den Verkäufer eingehen (3,5,6): *ne reliqui, si videant, despon-*

deant animum atque alieno tempore venditoris moriantur. Hier ist freilich weniger das Mitgefühl mit den Tieren im Spiel als die Sorge ums Geschäft. Die Bienenstöcke sollen nicht zu groß sein, damit die Tiere nicht in einem fast leeren Raum den Mut verlieren (3,16,15): *in vasto loco inani ne despondeant animum*. Auch soll man ihnen nicht den ganzen Honig auf einmal oder doch nur unvermerkt wegnehmen, damit sie nicht, modern ausgedrückt, völlig frustriert werden (3,16,34): *(exemptionem) neque universam neque palam facere oportet, ne deficiant animum*.

Beachtung verdient die Hereinnahme des Inhalts ins Gespräch. 1,26 wartet Agrius schon ungeduldig auf die Behandlung der Weinlese. Scrofa beruhigt ihn: *Bono animo es ac fiscinas expedi et urnam*. Er versetzt ihn in die Rolle des Gutsverwalters, der endlich mit der Lese beginnen möchte. Ähnlich spielt Agrius 1,56 die Rolle des ungeduldigen Verwalters, um Stolo zur Behandlung der Lagerung der Olivenernte anzutreiben: *Iamdudum in villa sedens expecto cum clavi te, Stolo, dum fructus in villam referas*. Und jener geht darauf ein, wenn er antwortet: *Em, quin adsum, venio ad limen, fores aperi*.

Im zweiten Buch wird der Übergang von den Schafen zu den Ziegen von Cossinius durch die launige Anrede an seinen Vorredner Atticus verdeutlicht (2,3,1): *Quoniam satis balasti, o Faustule noster, accipe a me cum* (*nunc* konj.Keil) *Homerico Melanthio cordo de capellis, et quemadmodum breviter oporteat dicere, disce*.

Der urbane Umgangston unter den Gesprächsteilnehmern erlaubt es Cossinius, Atticus' Ausführungen als Geblöke unter seinen Schafen zu karikieren und außerdem noch seiner Weitschweifigkeit die eigene Kürze entgegenzustellen. In der Anrede identifiziert er ihn mit dem berühmtesten Hirten der römischen Überlieferung, Faustulus (schon 2,1,9 erwähnt). Sich selbst stellt er neben den homerischen Melanthios. Die Anspielung und ihre Formulierung ist nicht ganz leicht zu durchschauen. Was genau bedeutet *'accipe a me cum Homerico Melanthio cordo de capellis'*? Melanthios ist der Ziegenhirte des Odysseus, der die Partei der Freier ergriffen hat und grausam abgeschlachtet wird. Die Bezeichnung *cordus* – Spätling, Spätgeborener - (Varro gibt für das nicht jedem geläufige Wort 2,1,19 die Erklärung) läßt sich kaum sinnvoll auf Melanthios beziehen. Es wäre möglich, daß Cossinius das Cognomen Cordus trug, aber bezeugt ist das nicht. Auch ohnedies könnte er sich als einen spätgeborenen Melanthius bezeichnen und wir hätten eine Parallele zu Atticus/Faustulus. Die Referenten zur Viehzucht, die freilich auch Herdenbesitzer sind, werden mit mythischen Hirten identifiziert und darüber hinaus durch '*balasti*' sogar mit den Tieren.

Eine andere Identifikation mit dem besprochenen Inhalt gibt Lucienus 2,7, wenn er seine Ausführungen über die Pferdezucht beginnt: *Ego quoque adveniens aperiam carceres et equos emittere incipiam*. Hier tritt er in die Rolle dessen, der die Rennen eröffnet und läßt nun gewissermaßen die Pferdchen laufen.

Zur *hilaritas* tragen noch mancherlei launige Bemerkungen und kleine Anekdoten bei. Im Lob Italiens mit seinem ausgeglichenen Klima im Wechsel von Tag und Nacht gegenüber dem Norden, wo die Nacht ein halbes Jahr dauert, meint Fundanius (1,2,5): *Ego hic, ubi nox et dies modice redit et abit, tamen aestivo die, si non diffinderem meo insiticio somno meridie, vivere non possum.* Dabei verwendet er mit '*diffindere*' und '*insiticius*' Termini aus der Obstkultur, sagt also etwa: "wenn ich nicht an einem Sommertag ihn mittags durch meinen aufgepfropften Schlaf spaltete".

1,2,11 fragt der jetzt erst eingetroffene Stolo, ob er vielleicht zum Essen zu spät komme, da er den Gastgeber Fundilius nicht sehe. Agrius antwortet: *'Bono animo estis! Nam non modo ovom illud sublatum est, quod ludis circensibus novissimi curriculi finem facit quadrigis, sed ne illud quidem ovom vidimus, quod in cenali pompa solet esse primum".* Hier haben wir ein Spiel mit dem 'Ei' der *pompa circensis*, das die Runde beeendet, und dem Ei der Vorspeise, das ein Essen eröffnet. Vergleichbar, wenn 1,27 Fundanius lieber etwas über seine schmerzenden Füße erfahren möchte als über die Füße (d.i.Wurzel)) der Bete und ihre Pflanzung: *malo de meis pedibus audire quam quem ad modum pedes betaceos seri oporteat.* Kleine Anekdoten wie 3,3,9 oder Sprichwörter wie 1,2,2 runden das Bild ab.

Die Musterung dieser Beispiele aus den *Res Rusticae*, die sich leicht aus anderen Werken vermehren ließen, kann zeigen, wie der Autor mit vielfältigen Mitteln die Dialogführung und die fachlichen Ausführungen belebt. Von *hilaritas* zu reden, berechtigt aber besonders die grundlegende wohlwollende Sympathie für seine Gesprächspartner und die Gegenstände der Darstellung.

3 De lingua Latina

H.Dahlmann, Varro und die hellenistische Sprachtheorie, Berlin 1932 (2.unv.A. Berlin/Zürich 1964); J.Collart, Varron, grammairien latin, Paris 1954; D.Fehling, Varro und die grammatische Lehre von der Analogie und der Flexion, Glotta 35,1956,214-270 u. 36,1958,48-100; E.Vetter, Zum Text von Varros Schrift über die lateinische Sprache, RhM 101,1958,257-285.289-323; R.Schröter, Studien zur varronischen Etymologie I, Abh. Akad.Mainz 1959; D.J.Taylor, Declinatio. A Study of the Linguistic Theory of Marcus Terentius Varro, Amsterdam 1974 (1975); F.Cavazza, Studio su Varrone etimologo e grammatico, Firenze 1981; W.Pfaffel, Quartus gradus etymologiae. Unters. zur Etymologie Varros in 'De lingua Latina', Königstein/T. 1981; W.Ax, Sprache als Gegenstand der alexandrinischen und pergamenischen Philologie, in: P.Schmitter (Ed.), Sprachtheorien der abendländischen Antike, Tübingen 1991; W.Ax, Disputare in utramque partem. Zum literarischen Plan und zur dialektischen Methode Varros in de lingua latina 8-10, RhM 138,1995,146-177 (= Lexis und Logos, Stuttgart 2000,140-163); G.Piras, Varrone e i *poetica verba*, Bologna 1998; G.Calboli (Ed.), Papers on Grammar VI, Bologna 2001

Das Werk ist Cicero gewidmet, der in einem Brief an Atticus vom Juni 45 v.Chr. (13,12) erwähnt, Varro habe ihm vor zwei Jahren die Widmung eines bedeutenden Werkes angekündigt, doch sei bisher noch nichts erfolgt. Damit ist wohl *De lingua Latina* gemeint, obwohl Cicero keinen Titel nennt und anscheinend nichts Genaues weiß. Er will aber jetzt seine Neubearbeitung der *Academica* Varro widmen und diesen auch als Mitunterredner einsetzen. Diese Absicht hat er dann umgesetzt.

Neben Cicero erscheint als Adressat der Bücher II-IV P.Septumius, den Varro seinen ehemaligen Quaestor nennt (7,109). Wir wissen über ihn nichts Gewisses, und der Schluß auf eine frühere gesonderte Veröffentlichung dieser drei Bücher ist unsicher. Auch in *De re rustica* finden sich neben Fundania zwei weitere Adressaten, für Varro wohl kein Widerspruch. Zitiert wird von späteren Grammatikern mehrfach, auch aus B.II-IV, *Varro ad Ciceronem.*

De lingua Latina umfaßte 25 Bücher, von denen uns aber nur die Bücher V bis X erhalten sind. Die Überlieferung beruht auf einem Codex des 11.Jhs. aus Montecassino, der in der Laurentiana in Florenz aufbewahrt wird (Sigle F). Alle weiteren Codices gehen auf Abschriften zurück. Der Text weist einige Lücken auf.

Die Entstehungszeit läßt sich durch den Hinweis Ciceros auf die Jahre nach dem Bürgerkrieg seit etwa 47 v.Chr. festlegen; die Widmung muß jedenfalls vor seinem Tod i.J.43 erfolgt sein. Ob freilich zu diesem Zeitpunkt bereits alle Bücher vorlagen, ist nicht sicher. Eine Reihe von Ungereimtheiten, vielleicht auch Planänderungen ließe sich möglicherweise aus dem Fehlen einer Endredaktion durch den Autor erklären und würde damit eine postume Publikation nahelegen (Ax 1995). Aber auch eine Publikation durch den Autor nach Ciceros Tod unter Beibehaltung der Dedikation ist denkbar. Die Frage ist noch nicht endgültig geklärt (Rösch-Binde in: Papers on Grammar 2001,223 ff.).

Buch I enthielt sicher die Widmung an Cicero und eine allgemeine Einleitung. II-VII behandelten die *impositio verborum* (Etymologie), darunter II-IV die Theorie, V-VII die praktische Anwendung auf die lateinische Sprache. Es folgte die *declinatio verborum* (Flexion), wiederum aufgeteilt in die Theorie (Analogie und Anomalie) VIII-X und die praktische Anwendung XI-XIII. Die zweite Hälfte galt der *coniunctio verborum* (Satzlehre). Die erhaltenen Bücher V-X behandeln also den praktischen Teil der Etymologie und den theoretischen der Flexion.

3 a Etymologie

In der Etymologie unterscheidet Varro vier Stufen (5,7):

> *Nunc singulorum verborum origines expediam, quorum quattuor explanandi gradus. Infimus quo populus etiam venit....Secundus quo grammatica escendit antiqua, quae ostendit, quemadmodum quodque poeta finxerit verbum....(8) Tertius gradus, quo philosophia ascendens pervenit atque ea quae in consuetudine communi essent aperire coepit....Quartus, ubi est adytum et initia regis, quo si non perveniam ad scientiam, at opinionem aucupabor, quod etiam in salute nostra nonnumquam facit cum aegrotamus medicus.*

Die ersten drei Stufen sind nicht schwer zu bestimmen, es sind die von jedermann ohne Vorbildung leicht zu durchschauenden Wortbildungen z.B. in Zusammensetzungen, dann die poetischen z.T. neugebildeten Wörter und endlich die erst bei wissenschaftlicher Betrachtung sich erschließenden. Das wird deutlicher, wenn Varro seine Tätigkeit 5,9 selbst einordnet: *Quodsi summum gradum non attigero, tamen secundum praeteribo, quod non solum ad Aristophanis lucernam, sed etiam ad Cleanthis lucubravi.* Von der ersten Stufe spricht er nicht, die zweite der Dichtererklärung will er hinter sich lassen (*praeteribo*). Es war dies die Domäne des Aristophanes und des Aelius Stilo, und Varro selbst widmet das siebte Buch den poetischen Wörtern und gewissermaßen seinem Lehrer, den er 7,2 ehrenvoll nennt. Aristophanes von Byzanz (ca.257-180 v.Chr.), einer der bedeutendsten alexandrinischen Gelehrten und Literaturwissenschaftler, ist i.W. der zweiten Stufe zuzurechnen, doch nimmt Varro ihn 9,12 und 10,68 anscheinend auch als Vertreter der Analogie in Anspruch (W.Ax, Glotta 68,1990,4 ff.).

Die dritte Stufe ist die der hellenistischen Sprachtheorie. Namentlich genannt wird der Stoiker Kleanthes. Er repräsentiert die philosophisch-theoretische Sprachlehre. Seine Nennung signalisiert, daß Varro vor allem der stoischen Lehre folgt.

Die vierte Stufe ist viel diskutiert worden; sie zielt jedenfalls auf den Ursprung der Sprache und den Zusammenhang zwischen dem ältesten Sprachbestand, den die Könige Latinus (oder ‚ein latinischer König' ?) und Romulus gestiftet haben, und seiner Bedeutung. Hier stellen sich die eigentlich wichtigen Fragen (5,9): *Non enim videbatur consentaneum quaerere me in eo verbo quod finxisset Ennius causam, neglegere quod ante rex Latinus finxisset .... An non potius mea verba illa quae hereditate a Romulo rege venerunt quam quae a poeta Livio relicta?*

Die Könige als Staatengründer und Sprachschöpfer stiften die Sprache ihrer Völker wie schon der Gesetzgeber in Platons *Kratylos,* und ein pythagoreisches Akusma sagt (Aelian *var. hist.* 4,17): Πάντων σοφώτατον ὁ ἀριθμός, δεύτερος δὲ ὁ τοῖς πράγμασι τὰ ὀνόματα θέμενος (cf. Cic. *Tusc.* 1,62). Auch Philon von Alexandrien kennt diese Vorstellung, vielleicht ebenfalls durch Antiochos vermittelt (P.Boyancé, REL 53,1975 (1976),99-115).

Die Sprachschöpfer richten sich nach dem Wesen der Dinge; *ling.*6,3: *natura...enim dux fuit ad vocabula imponenda homini.* Dabei konnten wohl auch Fehler gemacht werden; *ling.*5,3 u.8,7: *illi qui primi nomina imposuerunt rebus, fortasse an in quibusdam sint lapsi.* Gerade das zeigt, daß nicht eine willkürliche Setzung erfolgte (θέσει), sondern eine von der Natur geleitete (φύσει).

Nur eine begrenzte Zahl von Nomina haben die Sprachschöpfer gesetzt, um das Fassungsvermögen ihrer Völker nicht zu überfordern. Hingegen eröffneten sie zahlreiche Ableitungsmöglichkeiten, die zum vielseitigen Gebrauch der Sprache nötig sind. Vielleicht hat Varro erstmals mit der Erklärung sowohl der Wörter wie auch der Flexion in einem Konzept die ganze Sprache umfaßt (Dahlmann 1932,13 f.). Es heißt *ling.*8,5: *Duo igitur omnino verborum principia, impositio <et declinatio>, alterum ut fons, alterum ut rivus. Impositicia nomina esse voluerunt quam paucissima, quo citius ediscere possent, declinata quam plurima, quo facilius omnes, quibus ad usum opus esset, dicerent.*

Die Umstände, die eine Einsicht in den ursprünglichen Wortschatz und seine Deutung erschweren, hat Varro *ling.*5,3 sehr klar definiert: 1. sind manche Wörter völlig untergegangen, 2. wurden einige schon anfangs fehlerhaft gesetzt, 3. haben Wörter sich lautlich verändert, 4. sind einige aus anderen Sprachen hinzugekommen, 5. hat es Bedeutungswandel gegeben (Beispiel ist *hostis*). Bei allen Mißgriffen im einzelnen ist das Streben nach methodischer Durchdringung des Stoffes unverkennbar.

Noch eine Stelle aus Buch IX, das die Argumente für die Analogie vorbringt, kann Licht auf Varros Vorstellung von der Grundlegung der Sprache werfen (A.Michel, RPh 91,1965,69-79): *Ego populi consuetudinis non sum ut dominus, at ille meae est. Ut rationi optemperare debet gubernator, gubernatori unus quisque in navi, sic populus rationi, nos singuli populo* (9,6). Das Volk ist Träger der Sprache, und ihm ist zu folgen, aber das Volk muß auch der Ratio folgen, die für die Analogie steht. Wenn das Gleichnis vom Steuermann gebraucht wird, läßt sich auch der Steuermann des Staates assoziieren (vgl. Cicero *rep.*2,51), dessen Ratio die Richtlinien gibt. Darf man wohl an den Verfasser eines Buches *De analogia* denken, C.Iulius Caesar (so A.Michel a.a.O.) ?

Die oben behandelte vierfache Gliederung wird 5,11–13 erläutert und 5,10 als Grundlage für die Bücher V und VI angekündigt: *In hoc libro* (V) *dicam de vocabulis locorum et quae in his sunt, in secundo* (VI) *de temporum et quae in his fiunt, in tertio* (VII) *de utraque re a poetis comprehensa.* Behandelt werden die *loca* 5,14-56, *quae in locis esse solent immortalia et mortalia* 5,57-183, *de temporibus* 6,3-34, *quae in tempore fiunt* 6,35-96.

Eine Probe für Varros Vorgehen in der Etymologie sei hier gegeben (5,96 ; der überlieferte Text mehrfach korrigiert; Einzeldiskussion bei Pfaffel 1981):

> *Ex quo fructus maior, hic est qui Graecis usus: <sus> quod ὗς, bos quod βοῦς, taurus quod <ταῦρος>, item ovis quod ὄϊς: ita enim antiqui dicebant, non ut nunc πρόβατον. Possunt in Latio quoque ut in Graecia ab suis vocibus haec eadem ficta. Armenta, quod boves ideo maxime parabant, ut inde eligerent ad arandum; inde arimenta dicta, postea I tertia littera extrita. Vitulus, quod Graece antiquitus ἰταλός, aut quod plerique vegeti, vegitulus. Iuvencus, iuvare qui iam ad agrum colendum posset. (97) Capra carpa, a quo scriptum 'omnicarpae caprae'. Hircus quod Sabini fircus; quod illic fedus, in Latio rure hedus, qui in urbe ut in multis A addito haedus. Porcus quod Sabini dicunt aprunum porcum; proinde porcus, nisi si a Graecis, quod Athenis in libris sacrorum scripta est πόρκη et πόρκος.*

Die Namen für das besonders einträgliche Vieh (*ex quo fructus maior*) Schwein, Rind, Stier und Schaf, werden mit den griechischen Wörtern verglichen. Die Ähnlichkeit führt Varro aber weder auf eine gemeinsame Wurzel zurück, da er vom Indoeuropäischen keine Vorstellung besitzt, noch auf Übernahme aus dem Griechischen, sondern vermutet eine onomatopoietische Prägung (*ab suis vocibus*) in beiden Sprachen. Damit folgt er dem Grundsatz, daß die Sprachschöpfer sich nach der Natur richteten, hier nach den Eigenheiten der Tiere. Seine Kenntnis des Griechischen befähigt ihn auch, alte Wörter heranzuziehen, hier das homerische ὄϊς, während in der Prosa πρόβατον üblich ist. Eine onomatopoietische Erklärung schlägt Varro auch 5,100 für *ursus*, 5,75 für einige Vögel vor, sicher zu Recht *upupa* – Wiedehopf, *cuculus* – Kuckuck und *ulula* – Eule. Auch für ‚*sus*' nimmt die moderne Sprachwissenschaft dies an. *Armenta* (Großvieh, meist Rinder) leitet er von *arare* – pflügen ab und bedient sich dabei eines Konstrukts ‚*arimenta*' (statt *aramenta*), das durch Schwund des I (Synkope) zu *armenta* geworden sei. Die Sprachwissenschaft folgt ihm hier nicht.

Für *vitulus* (Kalb) gibt er, wie auch sonst oft, zwei mögliche Ableitungen. Die erste aus dem Griechischen entspricht der geläufigen Erklärung des Namens Italia; Varro zitiert dazu an anderer Stelle den griechischen Historiker Timaios (*rust.*2,5,3). Die zweite verwendet wieder ein Konstrukt: weil die meisten Kälber *vegeti* – munter – sind, führt eine Deminutivform *vigitulus* (so F, Ausgaben haben *vegitulus*) zu *vitulus*, was nach heutiger Kenntnis nicht möglich ist. Das gilt auch für die Ableitung von *iuvencus*. Die knappe Formulierung *capra carpa* (ohne Prädikat) wird verständlich durch den Vergleich mit *rust.*2,3,7: *a carpendo caprae nominatae*. Die Ziege hat ihren Namen von *carpere* – rupfen, hieß also ursprünglich *carpa* – die Rupfende. Der Wechsel des R wird nicht weiter erklärt. Beleg ist das Dichterzitat ‚*omnicarpae caprae'* – die alles rupfenden Ziegen – , das sich leider nicht zuordnen läßt. Die Formulierung *a quo scriptum* ist nicht klar; nach Varros Meinung hat der Dichter eine alte Form *carpa* zur Bildung des Kompositums benutzt, während dieser eher von *carpere* ausgegangen ist. Auch *carpa* dürfte ein Konstrukt Varros sein.

Informativ ist für *hircus* (Bock) und *haedus* (Böckchen) der Vergleich mit sabinisch *fircus* und *fedus*. Eine Etymologie ist das nicht, nur eine Parallele, wie oben für das Großvieh. Im Verhältnis von stadtrömischem *haedus* und ländlichem *hedus* gibt Varro der ländlichen Form die Priorität; heute erkennt man hier die auch sonst belegte Monophthongisierung im Landrömischen. Bei *porcus* denkt Varro offenbar (Text unsicher) an Herleitung aus dem Sabinischen oder Griechischen. Aus gelehrter Quelle muß der Hinweis auf Literatur zu attischen Kulten stammen. Griechisch πόρκος ist nur noch einmal bei Plutarch belegt; gegenüber der Vermutung einer späten Übernahme des Wortes aus dem Lateinischen verdient Varros Angabe doch ein gewisses Vertrauen. Herleitung von *sus* und *porcus* nur aus dem Griechischen gibt Varro *De re rustica* 2,4,9 und 2,4,17. Dort greift er aber nicht einfach auf unsere Stelle zurück, wie man vermuten möchte, sondern ergänzt seine Angaben. Um Varros Arbeitsweise zu beleuchten, sei diese Stelle hier einbezogen (*rust.*2,4,9): *Sus Graece dicitur ὗς, olim θῦς dictus ab illo verbo quod dicunt θύειν, quod est immolare*. Das Schwein als erstes Opfertier wird im folgenden für Griechen, Etrusker und Prisci Latini belegt. Und zu *porcus* heißt es 2,4,17: *Porcus Graecum est nomen antiquum, sed obscuratum, quod nunc eum vocant χοῖρον*. Wir können immer wieder feststellen, daß Varro seine Materialien in verschiedenen Schriften einsetzt, aber variiert und ergänzt. Das macht es auch schwierig, isolierte Fragmente bestimmten Werken zuzuordnen.

Bei der Herleitung zieht Varro auch das Griechische heran und weist die Tendenz, alles auf lateinische Wurzeln zurückzuführen, ausdrücklich ab. Gellius 1,18 zitiert aus Buch XIV der *Antiquitates rerum divinarum* wörtlich:

In quo L.Aelius noster, litteris ornatissimus memoria nostra, erravit aliquotiens. Nam aliquot verborum Graecorum antiquiorum, proinde atque essent propria nostra, reddidit causas falsas. Non enim leporem dicimus, ut ait, quod est levipes, sed quod est vocabulum anticum Graecum. Multa vetera illorum ignorantur, quod pro his aliis nunc vocabulis utuntur et illorum esse plerique ignorent Graecum quod nunc nominant Ἕλληνα, puteum, quod vocant φρέαρ, leporem, quod λαγωόν dicunt. In quo non modo L.Aelii ingenium non reprehendo, sed industriam laudo: successum enim <fert> fortuna, experientiam laus sequitur.

Zwei Aspekte sind hier bemerkenswert: die Aufmerksamkeit auf den Sprachwandel im Griechischen, die er natürlich der hellenistischen Dichtererklärung verdankt, und die Herkunft des Zitats aus den *Res Divinae*, wo man es ohne die Angabe des Gellius nie vermuten würde. Das Urteil des Gellius kann man nur unterschreiben: *Haec Varro ...scripsit de ratione vocabulorum scitissime, de usu utriusque linguae peritissime, de ipso L.Aelio clementissime.*

3 b Analogie und Anomalie

B VIII-X sind der theoretischen Begründung der Flexion gewidmet. Dabei nimmt das Gegensatzpaar Analogie und Anomalie eine Schlüsselrolle ein. Der Anfang von Buch X rekapituliert:

In verborum declinationibus disciplina loquendi dissimilitudinem an similitudinem sequi deberet, multi quaesierunt. Cum ab his ratio quae ab similitudine oriretur vocaretur analogia, reliqua pars appellaretur anomalia: de qua re primo libro (i.e.VIII) *quae dicerentur cur dissimilitudinem ducem haberi oporteret, dixi, secundo* (IX) *contra quae dicerentur, cur potius similitudinem conveniret praeponi. Quarum rerum quod nec fundamenta, ut debuit, posita ab ullo neque ordo ac natura, ut res postulat, explicita, ipse eius rei formam exponam.*

Varro referiert Buch VIII Argumente gegen die Analogie in der Sprache und Buch IX gegen die Anomalie, um dann Buch X nach Klärung einiger Begriffe, die er bei seinen Vorgängern vermißt, zu einer eigenen Beurteilung zu kommen. Man kann dabei die Tendenz feststellen, diese Argumente auf einen Streit hellenistischer Schulen, auf Analogisten und Anomalisten, zurückzuführen, von dem uns sonst nichts bekannt ist. Der Beginn von Buch IX erweckt jedenfalls diesen Eindruck:

...Crates, nobilis grammaticus, qui fretus Chrysippo, homine acutissimo qui reliquit περὶ ἀνωμαλίας III (?) libros, contra analogian atque Aristarchum est nixus, sed ita, ut scripta indicant eius, ut neutrius videatur pervidisse voluntatem, quod et Chrysippus de inaequabilitate cum scribit sermonis, propositum habet ostendere similes res dissimilibus verbis et dissimiles similibus esse vocabulis notatas, id quod est verum, et quod Aristarchus, de aequabilitate cum scribit ...

verborum similitudinem quandam in inclinatione sequi iubet, quoad patiatur consuetudo.

Krates von Mallos, Stoiker und Vertreter der sog. pergamenischen Schule im 2.Jh. v.Chr., erscheint hier als Haupt der Anomalisten. Sein Scharfsinn wird von Varro nicht gerade hoch eingeschätzt, obwohl er als Begründer der Grammatik in Rom galt. Es ist Varro bewußt, daß Chrysipps Schrift nicht von der Flexion handelte, um die es hier geht. Aristarch von Samothrake (ca.217-145 v.Chr.), Vorstand der alexandrinischen Bibliothek und bedeutender Philologe (Homer und andere Dichter), wandte anscheinend als erster das Prinzip der Analogie in der Flexion auf die Dichtererklärung an. Der Richtungsstreit zwischen Analogisten und Anomalisten ist z.T. ganz bestritten worden (Fehling 1956) und jedenfalls von Varro zugespitzt formuliert. Darin folgt ihm Gellius, *Noctes Atticae* 2,25.

Unter den Argumenten für die Analogie in der Sprache steht ein Abschnitt, der den Kosmos, die wohlgeordnete Welt, zum Vergleich heranzieht (9,23 ff.):

Si enim usquequaque non esset analogia, tum sequebatur, ut in verbis quoque non esset, non, cum esset usquequaque, ut est, non esse in verbis. Quae enim est pars mundi quae non innumerabiles habeat analogias? Caelum an mare an terra, quae in his ? ... At in mari, credo, motus non habent similitudines geminas ... cum sex horis aestus creverunt, totidem decreverunt? ...De quibus in libro quem De aestuariis feci scripsi. Non in terra in sationibus servata analogia? Nec cuius modi in praeterito tempore fructuum genera reddidit, similia in praesenti reddit? ...Non in volucribus generatim servatur analogia? Non ex aquilis aquilae atque ut ex turdis qui procreantur turdi, sic ex reliquis sui cuiusque generis? ...Non sic ex viro et muliere omnis similis partus, quod pueri et puellae? Non horum ita inter se omnia similia membra, ut separatim in suo utroque genere similitudine sint paria? Non, omnes cum sint ex anima et corpore, partes quoque horum proportione similes?

Dies ist keine assoziative Aneinanderreihung von Entsprechungen. Der Weg führt von den unbelebten Teilen der Welt, Himmel, Meer und Erde, über Pflanzen und Tiere zum Menschen. Das ist die stoische Stufenreihe der Dinge, die auch in den *Res Divinae* (B.XVI fr. 227 Ca. bei Aug. *civ.* 7,23) und bei Cicero *De natura deorum* 2,33 zugrundeliegt. Auffällig ist der rhetorische Schwung der Passage mit den vielen Anaphern und rhetorischen Fragen, die hier die Argumentation ersetzen, in einem sonst sehr nüchternen und kunstlosen Text. Diese Stilmittel kennen wir eher von den Dialogen Ciceros, und auch sonst gibt es Stellen im achten und neunten Buch, die an Dialoge denken lassen, z.B. 8,47: *his discretis partibus singulas perspice, quo facilius nusquam esse analogias quas sequi debeamus videas*. Vielleicht ist der Schluß auf eine frühere dialogische Fassung dieser Bücher mit der akademischen *Disputatio in utramque partem* nicht von der Hand zu weisen (W.Ax 1995). Der Autor bleibt freilich als Anhänger des

Antiochos nicht bei einer skeptischen Darstellung des Für und Wider stehen, sondern bemüht sich um einen Weg, der eine Behandlung der Flexion ermöglicht, die neben der Analogie auch Anomalien gerecht wird.

Die Flexion der lateinischen Sprache hat Varro in den verlorenen Büchern XI-XIII behandelt, aber aus dem theoretischen Teil soll wenigstens ein Passus zur Kasuslehre zitiert werden, wenn schon die komplexen Probleme der Bücher VIII-X hier nicht annähernd angemessen dargestellt werden können. Die Stelle *ling.*8,16 (Text nach Calboli 2001,37):

> *Propter eorum qui dicunt usum declinati casus, uti is qui de altero diceret, distinguere posset, cum vocaret, cum daret, cum accusaret, sic alia eiusdem<modi> discrimina, quae nos et Graecos ad declinandum duxerunt. Sine controversia sunt quidem: quis vocetur, ut Hercules; quemadmodum vocetur, ut Hercule; quo vocetur, ut ad Herculem; a quo vocetur, ut ab Hercule; cui vocetur, ut Herculi; cuius vocetur, ut Herculis.*

Der Autor spricht vom Zweck der Deklination zum Gebrauch der Sprecher: *propter eorum qui dicunt usum*. Er gibt aber nicht die noch heute übliche Folge der Kasus (Nominativ, Genitiv, Dativ, Akkusativ, lat. Ablativ, Vokativ), die auf die Grammatik des Dionysios Thrax zurückgeht, sondern eine andere peripatetischen Ursprungs (Calboli 2001,36), nämlich Vokativ, modaler Ablativ, Akkusativ, Ablativ der Trennung, Dativ, Genitiv. Der Nominativ fehlt, da kein eigentlicher Kasus; denn griechisch πτῶσις , lat. *casus*, ist grundsätzlich eine abgeleitete Form, *casus obliquus*. Den Nominativ nennt Varro *casus nominandi*, d.i. die unflektierte Form des Nomens (*ling.* 8,42; 9,76 f.). In den Formulierungen zu Anfang des Passus erkennen wir die Herkunft der lateinischen Termini für den Vokativ, Dativ und Akkusativ.

Der Stil in *De lingua Latina* ist, wie die Beispiele zeigen, meist recht kunstlos und ohne literarischen Anspruch, oft sehr knapp in der Formulierung und daher nicht immer leicht verständlich, was auch die Herstellung des Textes erschwert. Dies war niemals ein Werk für das große Publikum, sondern für den Gelehrten, und sollte nicht am Stil Ciceros gemessen werden.

Cicero äußert sich einmal ablehnend zu Varros Stil in einem Brief an Atticus 12,6,1 (46 v.Chr.). Nach eigenen kurzen Sätzchen fügt er an: *Habes Hegesiae genus, quod Varro laudat.* Hegesias von Magnesia (4./3.Jh. v.Chr.) galt als Begründer des von Cicero abgelehnten asianischen Stils (*Brutus* 286).

Varros Interesse an der lateinischen Sprache ist i.W. grammatisch und sprachtheoretisch bestimmt. Während die Zeitgenossen Caesar und Cicero, anders als die Griechen, Rhetorik und Stiltheorie mit grammatischer Tradition verbanden (Caesar *De analogia*), hat Varro die Rhetorik fast ganz beiseite gelassen. Von dem entsprechenden Buch (III) der *Disciplinae* wissen wir nichts, und nur einmal zitiert Priscian (GL II 489,2) *in libro III rhetori-*

corum. Schon Popma (p.205 Editio Bipontina) hielt dies für ein Fehlzitat statt ‚*rerum humanarum*' (so auch mehrfach bei Nonius), doch ist Priscian i.A. ein zuverlässiger Autor. Nur der Katalog des Hieronymus nennt *orationum l.XXII* und *suasionum l.III* (vgl. Rösch-Binde 515 ff.). Sie haben sonst keine Spur hinterlassen. Gelegentlich kommt er zu einer mehr stilistischen Sprachbetrachtung; *ling*.8,26-32 bei den Argumenten gegen die Analogie werden unter den Aspekten *utilitas* und *voluptas* Ziele des Redners (*orator*) wie einerseits Klarheit und Kürze (*oratio aperta et brevis*) und andererseits Feinheit und Schmuck (*elegantia, honestum*) gewürdigt.

Auch für Varro kann gelten, was Cicero, nachdem er Varro als Antiquar, nicht als Redner, gelobt hat, von Aelius Stilo (er arbeitete auch als Ghostwriter) urteilt (*Brutus* 206): *orator nec studuit umquam nec fuit.*

Weitere Werke zur Sprachforschung werden im Katalog genannt und von Grammatikern zitiert:

De sermone Latino ad Marcellum libri V (fr.33-48 Funaioli)
Gewidmet war das Werk vielleicht M.Claudius Marcellus, Konsul 50 v. Chr., Pompeianer, im Jahre 45 ermordet. Behandelt wurde der rechte Gebrauch der lateinischen Sprache, die *Latinitas*. Hierfür gab Varro eine Definition und vier Kriterien (fr.268 Fun., vielleicht aus dieser Schrift): *Latinitas est incorrupte loquendi observatio secundum Romanam linguam. Constat autem, ut adserit Varro, his quattuor: natura analogia consuetudine auctoritate* (vgl. S.Grebe, in: Papers on Grammar 2001,135 ff.). Es wurden aber auch Verse und der Ausdruck von Gefühlen (Zorn, Liebe) an Beispielen aus der Komödie (Terenz) erörtert.

De similitudine verborum libri tres (fr.4 Funaioli)
Similitudo ist in *De lingua Latina* B.VIII und IX das Wort, mit dem auf die *Analogia* verwiesen wird (ling.9,93 *similitudo verborum*). Kriterien, Regeln, Beispiele konnten in dieser Schrift behandelt sein; es bleibt ungewiß, ob vor oder nach *De lingua Latina*.

De utilitate sermonis Libri IV (?) (fr.5 Funaioli)
Das einzige Fragment wird aus dem vierten Buch zitiert. Da Varro das Nützliche als Argument gegen die Analogie setzen kann (z.B. *ling*.8,26), könnten diese Bücher ein Pendant zu den vorher genannten gewesen sein.

De origine linguae Latinae libri tres
Das einzige Fragment aus B.I mag hier als Beispiel für die gründliche Sprachbetrachtung stehen (fr.3 Funaioli ap.Priscian. I p.30,15):

> *Ut Ion scribit, quinta vicesima est littera, quam vocant agma, cuius forma nulla est et vox communis est Graecis et Latinis, ut his verbis aggulus aggens agguilla*

iggerunt. In eiusmodi Graeci et Accius noster bina g scribunt, alii n et g, quod in hoc veritatem videre facile non est. Similiter agceps agcora.

Nicht immer unterscheidet Varro wie hier präzise zwischen Laut und Buchstabe. Meist wird *littera* auch für den Laut gebraucht, z.B. *ling.* 6,83: *littera commutata dicitur odor olor* und so öfter, wenn er von Lautveränderung spricht (vgl. *ling.* 5.96 o.S.33). Einen 25. Buchstaben hat es nie gegeben, aber der griechische Grammatiker Ion, den Varro hier zitiert, hat wohl eine Reihe von Lauten der griechischen Sprache aufgestellt, die unabhängig vom Alphabet auch den dorsovelaren oder gutturalen Nasal erfaßte, den man bekanntlich im Griechischen durch zwei Gamma wiedergab. Die Bezeichnung *agma* (vielleicht ἄγγμα) ist sonst unbekannt und wohl ein Kunstwort in Anlehnung an Gamma. Accius folgte offensichtlich der griechischen Schreibweise im Lateinischen, hat sich aber nicht durchgesetzt. Daher verwenden die europäischen Sprachen, auch das Deutsche, die Wiedergabe durch ‚ng', also ‚Engel' nach lateinisch ‚*angelus*'.

4 Menippeische Satiren

Ausgabe: R.Astbury, Leipzig 1985
Einzelausgaben: P.Lenkeit, Varros Menippea ‚Gerontodidaskalos' ‚Köln 1966; H.J.Zumsande, Varros Menippea Papia Papae ΠΕΡΙ ΕΓΚΩΜΙΩΝ, Köln 1970; H.Geller, Varros Menippea ‚Parmeno', Köln 1966; I.Rötter, Varros Menippea ΠΕΡΙ ΕΔΕΣΜΑΤΩΝ, Köln 1969; I.Steinbach, Varros Menippea ‚Prometheus Liber', Köln 1979
E.Bolisani, Varrone Menippeo, Padova 1936; O.Weinreich, Römische Satiren, eingel.u. übertragen, Zürich 1949 (XXXVII ff.; 35 ff.); F.Della Corte, Varrone Metricista, in: Varron. Entret. IX Fond.Hardt 1963; E.Woytek, Sprachliche Studien zur Satura Menippea Varros, WSt Beih.2,1970; L.Alfonsi, Le ‚Menippee' di Varrone, in: ANRW I 3,1973,26-59; L.Deschamps, Étude sur la langue de Varron dans les Satires Ménippées , Lille/Paris 1976; E.Woytek, Satura Menippea. Varro, in: Die römische Satire, Hrsg.J.Adamietz, Darmstadt 1986; M.Salanitro, Le Menippee di Varrone, Bibliotheca Athena N° 27, Roma 1990; W.A.Krenkel, Varro: Menippeische Satiren. Wissenschaft und Technik (Joachim Jungius-Ges. 18,1), Hamburg/Göttingen 2000; W.A.Krenkel s.auch Lit.verz.

Cicero läßt in den *Academica* (*acad.post.*1,8; 45 v.Chr.) Varro selbst zu seinen Menippeen sagen:

> *in illis veteribus nostris quae Menippum imitati, non interpretati, quadam hilaritate conspersimus, multa admixta ex intima philosophia, multa dicta dialectice, quae quo facilius minus docti intellegerent, iucunditate quadam ad legendum invitati...*

Wir können hieraus entnehmen, daß Varro im Jahre 45 v.Chr. auf die Satiren als auf ein älteres, abgeschlossenes Werk zurückblickte (*in veteribus nostris*), und auch aufgrund innerer Kriterien datiert man sie heute etwa auf die Jahre zwischen 80 und 60 v.Chr., was nicht ausschließt, daß einzelne Satiren noch später verfaßt wurden. Die Formulierung *hilaritate conspersimus* – ‚wir haben sie mit Heiterkeit besprengt (d.h. angerichtet)' – könnte Varro selbst gehören; sie paßt bestens zu dem der Küche entnommenen Begriff der römischen Satura (‚Potpourri').

Das Vorbild Menippos von Gadara schrieb etwa Ende des 4. Jh. und im ersten Drittel des 3.Jh. Schriften mit kynisch-philosophischem Hintergrund, z.T. in phantastischem Gewand mit parodistischem Einschlag. Nur sechs Titel und wenige Fragmente sind erhalten, doch kann man sich nach Varro und Lukian von Samosata (2.Jh.n.Chr.) ein Bild machen. Varros Worte bei Cicero machen deutlich, daß es ihm nicht um Übersetzungen, sondern eine freie Adaptation ging. Mit Menippos verbindet ihn die Mischung von Scherz und Ernst, das Spudaiogeloion, um den Leser mit Witz und Laune zu belehren. Verschieden ist die Grundhaltung; der letztlich bildungsfeindliche Kynismus bleibt Varro fremd, wenn er auch in Titeln wie *Cave canem, Kynodidaskalikos, Kynistor, Kynorhetor* und *Ταφὴ Μενίππου* (Menipps Begräbnis) Menippos huldigt; er ist fr.516 *ille nobilis quondam canis*, und fr.517 wird gesagt, Diogenes habe nur eine Bildung für den Hausgebrauch besessen, er aber so, daß es für den Vortrag vor ‚feinen' Leuten reichte: *Diogenem litteras scisse domusioni quod satis esset, hunc quod etiam acroasi bellorum hominum.* Dieses Urteil gilt auch für unseren Autor.

Nach dem Katalog des Hieronymus gab es 150 Bücher Menippeische Satiren; man nimmt an, daß i.A. eine Satire ein Buch ausmachte. Allerdings werden für die Menippea Περίπλους zwei Bücher bezeugt, das zweite mit dem Untertitel περὶ φιλοσοφίας. Die fast 600 Fragmente, die wir noch besitzen, hat größtenteils Nonius Marcellus (4.Jh.) in seinem lexikalischen Nachschlagewerk zu grammatischen und sachlichen Fragen überliefert. Der Zusammenhang muß daher vom modernen Bearbeiter hergestellt werden, doch erlaubt das mechanische Vorgehen des Exzerptors oft wenigstens die Reihenfolge der Bruchstücke anzusetzen (sog. Lex Lindsay).

Vielfalt herrscht in der Gestaltung der Titel. Es gibt einfache lateinische wie *Baiae, Bimarcus, Cave canem* und griechische wie Γνῶθι σεαυτόν, Ὄνος λύρας (der Esel an der Lyra), aber auch zu mehr als einem Drittel (nach unserer Überlieferung) Doppeltitel mit einem stets griechischen, auf das Thema weisenden Untertitel wie z.B. *Tithonus περὶ γήρως* (über das Alter), *Marcopolis περὶ ἀρχῆς* (die Marcusstadt über die Regierung) oder *Εὗρεν ἡ λοπὰς τὸ πῶμα, περὶ γεγαμηκότων* (Der Topf fand seinen Deckel, von Eheleuten). Häufig sind sprichwörtliche Redensarten oder kühne Kombinationen wie *Bimarcus, Oedipothyestes, Sesqueulixes (Anderthalb-Odysseus), Triphallus.*

Ein auffälliges Element war der Wechsel von Prosa und Vers, das sog. Prosimetrum; die Verse (ca. ein Drittel der Fragmente) waren teils eingelegte Dichterzitate, wie in den philosophischen Schriften Ciceros und später bei Lukian, meist aber original, entweder Teil direkter Rede oder auch der Erzählung selbst. Senecas *Apocolocyntosis*, die einzige erhaltene Satura Menippea der römischen Literatur, kann davon noch eine lebendige Vorstellung geben. Nicht zufällig zitiert Seneca 8,1 Varro mit einer witzigen Bemerkung (fr.583).

Der Reichtum an Versmaßen, die Varro verwendete, ist beeindruckend; neben Hexametern, Distichen und jambischen Senaren finden sich jambische, trochäische und anapästische Langverse (nach Plautus), Choliamben, Sotadeen, phalaeceische Elfsilbler, Glykoneen, Galliamben und andere auch seltene alexandrinische Maße, die eben erst in Rom bekannt wurden. Es scheint, daß Varro sich an allem versucht hat, und ein formales Talent entwickelte, von dem uns seine Prosawerke keine Vorstellung vermitteln.

Dabei scheint er auch die Verse sinngemäß und passend zum Inhalt eingesetzt zu haben (dazu fr.357).

Auch die Prosa ist wandlungsfähig; neben schlichten, ja unbeholfenen Stücken stehen sorgfältig stilisierte Passagen, die rhetorische Figuren manchmal in Überfülle vorführen (fr. 375,432; vgl. Woytek 1970 u.1986; Deschamps 1976).

Mit Recht war Varro sich bewußt, etwas Neues in die römische Literatur einzuführen, wenn er im *Testamentum* sagt (fr.542):

> *E mea φιλοφθονίᾳ natis quos Menippea haeresis nutricata est tutores do 'qui rem Romanam Latiumque augescere vultis'.*

Seine Kinder sind mit der *Philophthonia* gezeugt, der Kritiksucht, Schmähsucht, wie es ironisch heißt; denn das nur hier bezeugte griechische Wort ist wie sein lateinisches Pendant *invidia* eigentlich negativ besetzt. Die Personifizierung abstrakter Begriffe findet sich gerade in den Menippeen öfters. Die menippeische Sekte als Amme spiegelt die Rolle des literarischen Vorbilds, Vormünder sollen alle sein, denen das Heil Roms am Herzen liegt. Dazu wird bezeichnenderweise ein Vers des Nationaldichters Ennius zitiert (*ann.*495 Sk.). Ganz knapp wird hier charakterisiert das persönliche Motiv des Autors, die literarische Form und sein Ziel, der Sache Roms zu nützen. Das Besondere der varronischen Satura würdigt später Quintilian (*inst.or.*10,1,95): *alterum illud saturae genus, sed non sola carminum varietate mixtum condidit Terentius Varro, vir Romanorum eruditissimus.*

Der Gegensatz zwischen der guten alten Zeit und der Gegenwart wurde in der Satire *Sexages(s)is* (60 As bzw. 60 Jahre) mit einem Sagenmotiv lebendig dargestellt. Ein Junge ist als Zehnjähriger in tiefen Schlaf gefallen und wacht 50 Jahre später in einem veränderten Rom wieder auf (fr.491): *Romam regressus ibi nihil offendi quod ante annos quinquaginta, cum primum dormire coepi, reliqui.* Und er erinnert sich, wie ihn der Schlaf überkam (fr.485, iamb.Senare):

> *O stulta nostri pectoris dormitio*
> *vigilabilis, quae me puellum impuberem*
> *cepisti*

‚Dummer Tiefschlaf meines sonst so aufgeweckten Sinnes, der du mich unreifen Knaben gepackt hast!' Und beim Erwachen habe er zuerst sich selbst völlig verändert gesehen; aus dem Knaben, glatt wie Sokrates' Glatze, war ein weißhaariger Igel mit einem Rüssel geworden (fr.490): *se circumspexe atque invenisse se, cum dormire coepisset tam glaber quam Socratis calva, esse factum ericium cum pilis albis, cum proboscide.* Die Veränderung Roms zeigt ein Distichon (fr.488):

Ergo tum Romae parce pureque pudentis
vixere. En patriam! Nunc sumus in rutuba.

Den Werten der alten Zeit – sie lebten bescheiden, sauber und voll Anstand (*pudor*) – steht jetzt ein Chaos (dies etwa die Bedeutung des seltenen *rutuba*) gegenüber. Die Tugenden sind verschwunden, ‚*in quarum locum subierunt inquilinae* (zugewandert) *inpietas, perfidia, inpudicitia*' (fr.495). An die Stelle des politischen Interesses und der Beachtung der Gesetze tritt Krämergeist: *ubi tum comitia habebant, ibi nunc fit mercatus* (fr.497) und *quod leges iubent, non faciunt.* δὸς καὶ λάβε fervit omnino (fr.498). Und sarkastisch ist die Frage (fr.496): *nunc quis patrem decem annorum natus non modo aufert, sed tollit, nisi veneno*? Und jetzt? Welcher Zehnjährige schafft seinen Vater nicht nur weg, sondern beseitigt ihn, und das mit Gift? Anspielungsreich ist der Gebrauch der Verben: *aufert – tollit.* Das erste erinnert an Aeneas, der seinen alten Vater Anchises aus dem brennenden Troia trägt, das Urbild römischer Pietas, das zweite kann ein Synonym sein für ‚aus dem Weg räumen'. Auch die Kritik, die dem *laudator temporis acti* oft entgegenschlägt, findet sich hier in den Worten eines Ungenannten (fr.505): *Erras, inquit, Marce, accusare nos; ruminaris antiquitates* – du kaust nur die alten Sachen wieder. Natürlich ist Varro selbst nicht der ‚Siebenschläfer' dieser Satire, aber sein Praenomen Marcus steht in den Menippeen öfters als typisch römisch, fr.60 (im *Bimarcus*) und fr.175 wie hier im Vokativ, dazu die Titel *Marcipor* und *Marcopolis.* Es dürfte auch Selbstironie hierin liegen, wenn *antiquitates* in dem Doppelsinn von ‚Alte Zeit' und ‚Altertümer' verwendet wird.

Der Gegensatz zwischen Einst und Jetzt zeigt sich auch sonst in den Menippeen, z.B. in der Satire *Gerontodidaskalos* (Lehrer der Alten oder der Alte als Lehrer). Die einfache alte Sitte wird der Gegenwart vor Augen gestellt (fr.186): *quotiens priscus homo ac rusticus Romanus inter nundinum* (‚unter der Woche') *barbam radebat*? Oder fr.190 die züchtige Hausfrau: *sed simul manibus trahere lanam nec non simul oculis observare ollam pultis, ne aduratur.* Spinnen der Wolle gilt als Zeichen altrömischer Sitte, aber hier wird es launig ergänzt, wenn die Hausfrau dabei noch den Topf mit Brei im Auge hat, auf daß er nicht anbrennt. Sogar der Selbstmord erfolgte in alter Zeit mit schlichteren Mitteln (fr.197): *noctu cultro coquinari se traiecit; nondum enim invecti erant cultelli empaestati e Bithynia.* Mit dem Küchenmesser hat man sich durchbohrt; noch waren nicht die kunstvoll eingelegten Messerchen aus Bithynien nach Rom eingeführt. Letzteres könnte anspielen auf die Schätze des Königs Nikomedes IV., der 74 v.Chr. starb und sein Reich den Römern hinterließ. Die Sittenlosigkeit der Gegenwart wird in der Menippea *Baiae* (das einschlägig bekannte Seebad am Golf von Neapel) mit Wortwitz angeprangert (fr.44): *quod non solum innubae fiunt communis, sed etiam veteres repuerascunt et multi pueri puellascunt.* Das Bad hat erstaunliche Wirkung: Jungfrauen werden Gemeingut, die Alten werden zu Jungen, aber viele Jungen werden zu Mädchen (*puellascunt* nur hier, also wohl vom Autor gebildet).

Die Menippea *Marcopolis περὶ ἀρχῆς*, die ‚Stadt des Marcus oder Über die Regierung' stellte wohl in uns nicht mehr kenntlicher Form die ideale Stadt und Regierung vor. Die Gleichung des Menschen mit einer Stadt, ein platonischer Gedanke, ist fr.290 ausgesprochen: *sensus portae, venae hydragogiae, clauaca intestini* – die Sinne sind Tore, die Adern Wasserleitungen, Kloaken sind die Eingeweide. Das griechische Wort *hydragogia* wird zuerst von Platon für die menschlichen Adern gebraucht (*Tim.*77e). Altertümlich ist die Form *clauaca* für *cloaca*. Bei einer Diskussion über die Herrschaft kam auch ein Vertreter des Prinzips des Stärkeren zu Wort, vergleichbar Thrasymachos in Platons Staat. Er sprach in elegischen Distichen (fr.289):

Natura humanis omnia sunt paria:
Qui pote plus, urget, piscis ut saepe minutos
magnus comest, ut avis enicat accipiter.

Die Natur ist Richtschnur für alle menschlichen Angelegenheiten, aber es ist die Natur, wie sie in der Welt der Tiere regiert; der große Fisch frißt die kleinen, der Habicht tötet die anderen Vögel. Vorklassisch sind hier die Formen *pote* statt *pote est* für *potest, enicat* statt *enecat*, und die metrische Messung *magnus comest* wie *magnu' comest*.

Ein weiteres Fragment führt in einen hitzigen Streit mit Argumenten (fr.291): *cui celer δι ἑνὸς λήμματος λόγος, Antipatri Stoici filius, rutro caput displanat.* Dienoslemmatoslogos ist ein eingliedriger Syllogismus, als dessen Erfinder Antipatros von Tarsos, Lehrer des Panaitios, galt (2.Jh.). Sein Gegner muß der zweigliedrige Syllogismus sein, beispielsweise ‚Du atmest, alles Atmende lebt, du lebst also' (Weinreich 1949,38). Verknappt nach Art des Antipatros nur ‚Alles Atmende lebt, du lebst also'. Aber Varro hat nun in unnachahmlicher Weise mit der griechischen Dialektik die römische Überlieferung verbunden. Der siegreiche Syllogismus ist schnell, lateinisch *celer*, und Celer hieß der Gefolgsmann des Romulus, der nach einer Version Remus mit einer Hacke den Schädel spaltete, als dieser über die Mauer sprang. Ovid erzählt die Geschichte in den Fasten (4,843): *Nec mora, transsiluit; rutro Celer occupat ausum.* Übrigens ist *displanare* ein Hapax legomenon, sonst nicht belegt, möglicherweise von Varro neugebildet und fast unübersetzbar. Die Vorsilbe ‚*dis*' läßt an spalten denken, aber *planare* heißt ‚einebnen'oder ‚platt machen'.

Die meisten Fragmente hat Nonius aus der Satire mit dem Titel *Eumenides* überliefert. Dennoch ist eine überzeugende Rekonstruktion bisher nicht gelungen. Das Thema war jedenfalls das stoische Paradoxon, daß alle Menschen verrückt seien, außer dem Weisen (ὅτι πᾶς ἄφρων μαίνεται). Horaz hat in den Satiren (2,3) diesen Satz behandelt, wohl in Kenntnis der varronischen Satire. Wie bei Varro wird der Geizige, Ehrgeizige, Verschwender und Abergläubische vorgeführt. Vielleicht stand am Anfang fr.143: *quod ea die mea erat praebitio, in ianuam ‚cave canem' inscribi iubeo.* Der Sprecher gibt an einem bestimmten Tag eine Einladung zum Essen (*praebitio*) und gibt sich mit der bekannten Warnung vor dem Hunde mit Selbstironie als Kyniker zu erkennen. Mit Varro ist er demnach nicht gleichzusetzen. Freilich lebt er nicht wie Diogenes in der Tonne, sondern führt ein gastfreies Haus mit Sklaven (*iubeo*). Man kann sich vorstellen, daß Gespräche beim Mahl mit anderen Philosophen Gelegenheit gaben, die erkennbaren Themenkreise und wechselnden Szenen zur Sprache zu bringen. Die Rede ist von philosophischen Lehren, auch von recht skurrilen, wenn es heißt (fr.163): *Empedocles natos homines ex terra ait ut blitum* – er sagt, die Menschen seien aus der Erde gewachsen wie Gemüse, oder (fr.164): *ubi dicatur primus Zenon novam haeresim novo paxillo suspendisse* – wo zuerst Zenon eine neue Sekte an einem neuen Pflock aufgehängt haben soll. Die Stoa Poikile in Athen war der Ort der Gründung einer neuen Philosophenschule, der Stoa, durch Zenon von Kition. Die merkwürdige Formulierung klärt ein Vergleich mit fr.69 aus der Satire *Bimarcus: ut novum cribrum novo paxillo pendeat* - damit ein neues Sieb an einem neuen Pflock hängt. Es ist eine Redensart vergleichbar unserem ‚neuer Wein in neue Schläuche'. Hier klingt es so, als habe Zenon in der Stoa sein Programm angeschlagen.

Die Eumeniden oder Furien treten auf und verfolgen wie Rachegeister bzw. Leidenschaften die Menschen, die dann auch von Strafgeistern – *Poenae* – ereilt werden. Von einer Warte aus hat ein Erzähler die drei Furien gesehen, wie sie das Volk in Angst und Schrecken auseinander jagten: fr.117 in jambischen Senaren:

Sed nos simul atque in summam speculam venimus,
Videmus populum Furiis instinctum tribus
Diversum ferri, exterritum formidine

Infamia, die dritte Poena, vielleicht die Ambitio strafend, erscheint fr.123 (anapästische Dimeter), sie steht bedrückend auf der Brust der Menge, mit ungepflegtem Haar und Kleidung, mit strenger Miene:

Tertia Poenarum
Infamia stans nixa in vulgi
Pectore, flutanti intonsa coma,
sordida vestitu, ore severo

Unter den Verrückten ist der Geizige, der Trinker, die Philosophen und wohl auch die Anhänger fremder Kulte; denn der Kult des Sarapis und der

Göttermutter Kybele mit ihren Galli, den Verschnittenen, werden vom Erzähler beschrieben. Der Gesang der Galli ertönt im seltenen Versmaß der sog. Galliamben (fr. 131 f.), die Catull c.63 verwendet. Am Ende wird der kritische Betrachter selbst verfolgt und hält sich fast selbst für verrückt; fr.146: *vix vulgus confluit non furiarum, sed puerorum atque ancillarum, qui omnes me bilem atram agitare clamitantis opinionem mihi insaniae meae confirmant.* Da rettet ihn unversehens die greise Wahrheit, Zögling der attischen Philosophie (fr.141): et *ecce de inproviso ad nos accedit cana Veritas, Attices philosophiae alumna*, und Gerichtsbeamte beschließen, daß die Öffentliche Meinung meinen Namen in die Liste der Gesunden eintragen solle (fr.147): *forenses decernunt ut Existimatio nomen meum in sanorum numerum referat.*

Aus der Satire *Marcipor* (*Marci puer*) sollen einige jambische Senare den Dichter zu Wort kommen lassen. Die Verse (fr.269-272 B.) sind nicht an einem Stück überliefert, lassen sich aber sinnvoll zusammenfügen.

Repente noctis circiter meridie,
cum pictus aer fervidis late ignibus
caeli chorean astricen ostenderet,
nubes aquali frigido velo leves
caeli cavernas aureas obduxerant
aquam vomentes inferam mortalibus
ventique frigido se ab axe eruperant,
phrenetici septentrionum filii,
secum ferentes tegulas, ramos, syrus.
At nos caduci naufragi, ut ciconeae
quarum bipinnis fulminis plumas vapor
perussit, alte maesti in terram cecidimus

Die Beschreibung einer Seefahrt bedient sich nicht ungewandt der poetischen Diktion, wobei kapriziöse Ausdrücke und griechische Fremdwörter nicht gescheut werden: *noctis meridie* (am Mittag der Nacht), *chorea astrice* (Sternenreigen, zuerst Plato, *Epinomis* 982e; Arist.*phil.* fr.12b Ross), *aqua infera* (Wasser unter dem Himmel), *phrenetici septentrionum filii* (die rasenden Nordwinde), *syrus* (gr. συρούς, Kehricht). Die sternklare Nacht wird durch aufsteigende Wolken verdunkelt, Regen stürzt hernieder, Sturmwind fegt Ziegel, Zweige und Kehricht mit sich. Das Gleichnis mit den vom Blitz getroffenen Störchen bringt den Höhepunkt: Absturz der Schiffbrüchigen aus der Höhe zur Erde. Hier wird deutlich, daß von einer Luftfahrt erzählt wird, einem phantastischen Sujet von der Alten Komödie bis zu Lukian.

Die Menippea *Est modus matulae περὶ μέθης* - Auch der Nachttopf hat sein Maß oder Über die Trunkenheit - packt ihr Thema bereits im Titel derb und witzig an. *Matula* (auch *matella*) ist ein Topf oder Geschirr für Flüssigkeiten, könnte also auch für Wein gebraucht werden. Meist aber ist der Nachttopf gemeint, in den der Wein erst kam, nachdem er den Körper durchlaufen hatte. In der Antike wurde Geschirr zu diesem Zwecke nicht nur im Schlafzimmer, sondern auch beim Gastmahl bereit gehalten. Wer viel trank, brauchte eine besonders große *matula*.

Die Kyniker, denen die Menippeische Satire nahesteht, lehnten den Weingenuß kategorisch ab. Für sie ist Wasser ausreichend, den Durst zu stillen. Varro, der ja kein Kyniker ist, nimmt eine andere Haltung ein, die Extreme zurückweist und auch die Freuden des Lebens zu schätzen weiß. Dabei soll freilich ein bescheidenes Maß gewahrt werden, wie es auch den Grundsätzen der Maiores entspricht. Philosophisch begründet hat der Akademiker Varro dies in der Schrift *De philosophia* (s.u.Kap.7).

Ein Liebhaber des Weins sieht sogar die Götter auf seiner Seite (fr.115): *Non vides ipsos deos, si quando volunt gustare vinum, derepere ad hominum fana et temetum ipsi illi Libero simpuio ministrari*? Komische Wirkung hat *derepere* – herabschleichen, so als wollten die Götter nicht offen ihre Vorliebe zu erkennen geben. Auch die Darbietung des Rauschtranks (*temetum* ist wahrscheinliche Konjektur) im Kult aus der Opferschale (*simpuvium*) wird dem aufgeklärten Römer, auch dem Verteidiger des Kultes, ein Lächeln entlockt haben.

Fast hymnisch ist das Lob des Weins in jambischen Senaren (fr.111):

vino nihil iucundius quisquam bibit;
hoc aegritudinem ad medendam invenerunt,
hoc hilaritatis dulce seminarium,
hoc continet coagulum convivia

Stilistisch zu beachten ist die dreifache Anapher und dreifache Allitteration im vierten Vers. Die Wörter *seminarium* (Baumschule) und *coagulum* (Ferment, Lab zur Milchgerinnung) sind der Sprache des Bauern entnommen. Vielleicht spricht ein rechter Epikureer, der den Wein nicht als göttliche Gabe sondern als Erfindung der Menschen betrachtet (*invenerunt*, mit kurzer Messung der vorletzten Silbe). *Hilaritas* ist hier das Pendant zu *aegritudo*, der Wein heilt die Trübsal (daneben auch Krankheit) und spendet frohen Sinn.

Einem Gegenstand der Rhetorik ist die Satire *Papia Papae περὶ ἐγκωμίων* gewidmet. Das γένος ἐπιδεικτικόν (*demonstrativum laudativum*) dient der lobenden oder tadelnden Darstellung. Der Untertitel entspricht lateinisch ‚*de laudationibus*'. Im Haupttitel ist *Papae* (griechisch παπαῖ) eine zumal im Drama gebräuchliche Interjektion, Ausdruck des Schmerzes oder der Verwunderung, hier des Erstaunens. *Papia* ist wohl als eine variierende Verdoppelung zu verstehen (Ohlala, Eijeijei!).

In jambischen Senaren wird ein schönes Mädchen recht preziös und vielleicht parodierend beschrieben (fr.370-373):

quos calliblepharo naturali palpebrae
tinctae vallatos mobili septo tenent...
lacula in mento inpressa Amoris digitulo
vestigio demonstrat mollitudinem...
collum procerum fictum levi marmore
regillae tunicae pupura distinguitur

Calliblepharum ist schwarze Schminke für die Augen bzw. Lidschatten, *lacula* (hier konjiziert und sonst nicht belegt) Diminutiv von *lacuna*, also ‚Grübchen', regillus ‚senkrecht gewebt'. „Augen, welche mit natürlicher Schwärze geschminkte Lider in beweglichem Schutz umwehrt halten...ein Grübchen im Kinn, von Amors Fingerchen eingedrückt, zeigt an dieser Spur die Zartheit ... ein schlanker Hals (wie) aus glattem Marmor gebildet hebt sich ab vom Purpur der gerade gewebten Tunica".

Ein weiteres Fragment leistet Ähnliches in Prosa (fr.375):

Ante auris modo ex subolibus parvuli intorti demittebantur sex cincinni; oculis suppaetulis nigelli pupuli – quam hilaritatem significantes animi! – rictus parvissimus ut refrenato risu roseo.

Suboles ist hier der Haaransatz oder Anwuchs, *cincinni* ‚Löckchen', *suppaetulus* ‚leicht schmachtend, mit Silberblick'. „Vor den Ohren senkten sich gleich vom Ansatz sechs kleine gewundene Löckchen hinab; in den neckischen Augen die schwärzlichen Sternlein – welch gelöste Heiterkeit zeigten sie ! – der Mund nur ein wenig geöffnet, mit einem ganz leichten (gezügelten) rosigen Lächeln". Die vielen Diminutiva tragen das Ihre zu dem vertraulichen, erotischen Flair dieser liebevollen Beschreibung bei, die in den Gedichten des Neoterikers Catull und der gesuchten Sprache des Apuleius Parallelen findet.

Die thematische Vielfalt der Menippeen kann hier nicht vollständig vorgestellt werden. Um die Ehe ging es in zwei Satiren: *De officio mariti* und die schon erwähnte *Εὗρεν ἡ λοπὰς τὸ πῶμα, περὶ γεγαμηκότων* (Der Topf fand seinen Deckel, von Eheleuten). Aus der ersteren fr.83: *vitium uxoris aut tollendum aut ferendum est. Qui tollit vitium, uxorem commodiorem praestat; qui fert, sese meliorem facit.* Ein wahrhaft philosophischer Grundsatz! Aus der letzgenannten Satire fr.167: *ego, unus scilicet antiquorum hominum, subductis superciliis dicam: γαμήσει ὁ νοῦν ἔχων* (ein vernünftiger Mensch wird heiraten). Das Stück gehört sicher in eine Diskussion über die Frage, ob es vernünftig sei, zu heiraten. Dabei spielt Varro auf einen Vers des Komödiendichters Menander an, der gerade das Gegenteil aussagt: *οὐ γαμεῖς ἂν νοῦν ἔχῃς* (fr.65 Kock, p.303 Sandbach). Der Sprecher charakterisiert sich leicht selbstironisch, aber doch wohl ernsthaft, als einen Mann alten Schlages, mit streng hochgezogenen Augenbrauen.

Andere Themen sind die Musik in der Menippea *Ὄνος λύρας* (der Esel an der Lyra), Dichtungstheorie im *Parmeno* (s.u.S.65) und immer wieder Philosophisches. Die Uneinigkeit und Streitsucht der Philosophen sind mehrfach Zielscheibe des Spottes, auch einzelne Lehren; anderes wird durchaus ernstgenommen, wie in den *Eumenides* das stoische Paradoxon (s.o.S.44). Die Formulierung in Ciceros *Academica* bestätigt sich: *multa admixta ex intima philosophia* (s.o.S.40).

Daneben werden Opfer, fremde Kulte, Glück, Lust, Ruhm, Ehrgeiz, Habsucht, Neid, Gastmähler, Delikatessen, die Jagd, Liebe und Sexualität, das Alter, Testamente, Begräbnissitten, Grabinschriften und vieles andere amüsant glossiert, aber doch nicht unernst, sondern mit der Absicht, nach den Maßstäben der Maiores, aber auch der Philosophie zur Besserung beizutragen. Das Wort des Horaz, ‚*Ridentem dicere verum*' gilt auch für Varro.

Obwohl es sich um ein anderes literarisches Genus handelt, sei hier auf Varros Platz in der Geschichte der römischen Satura hingewiesen. Der Katalog kennt vier Bücher *Satirarum*, und da er die Menippeischen Satiren davon getrennt aufführt, muß es sich um Satiren nach Art des Lucilius handeln. Von ihnen ist keine Spur geblieben. Nur durch ein Zitat ist eine Schrift *De compositione saturarum* bezeugt. Die heute allgemein anerkannte Definition der Satura überliefert der Grammatiker Diomedes (GL I 486 K, fr.52 Funaioli): *...sive a quodam genere farciminis, quod multis rebus refertum saturam dicit Varro vocitatum. Est autem hoc positum in secundo libro Plautinarum quaestionum: satura est uva passa et polenta et nuclei pini ex mulso consparsi.* Es dürfte sich um zwei Rezepte handeln, eine Wurst (*farcimen*) und eine Art Pudding, beides aber ein Gemengsel, ein ‚Potpourri' (Baier 1997,76 ff.).

Nur durch den Katalog bezeugt sind zehn Bücher *Poemata*, wohl vermischte Gedichte, und sechs Bücher *Pseudotragoediae*. Die Bezeichnung hat Varro wohl neu geprägt; es könnten philosophische Lehrstücke gewesen sein, vielleicht nach dem Vorbild der bei Diogenes Laertios 6,80 genannten τραγῳδάρια des Kynikers Diogenes, doch ist das hypothetisch.

Zur Annahme eines philosophischen Lehrgedichts *De rerum natura* vgl. S.76.

5 Die antiquarischen Werke

Antiquitates rerum humanarum et divinarum

Dieses bedeutende und einflußreiche Werk, das wesentlich zum Ruhm des Autors beigetragen hat, lag Cicero im Jahre 45 v.Chr. bei der Abfassung der *Academica* vor, wie seine Würdigung bezeugt (vgl. unten Kap. 9). Die genaue Aufteilung des Werkes von insgesamt 41 (der Katalog gibt unrichtig 45 bzw. 42) Büchern verdanken wir Augustinus (*civ*.6,3). Zwei Teile werden unterschieden: *Res Humanae* (RH) in 25 Büchern, *Res Divinae* (RD) in 16 Büchern. Es gab eine Epitome in 9 Büchern (Katalog).

Der Buchtitel *Antiquitates*, den Varro zuerst verwendet, entspricht offensichtlich griechischem ἀρχαιολογία (meist im Singular). Die griechischen Werke dieses Titels gehören allerdings seit Thukydides zur Historiographie.

Res Humanae

Ausgabe der Fragmente: P.Mirsch, Antiquitatum rerum humanarum librorum XXV fragmenta et vestigia quae exstant, Leipziger Studien 5,1882
H.Dahlmann, Zu Varros antiquarisch-historischen Werken, besonders den Antiquitates rerum humanarum et divinarum, in: Atti Congr.Varr., Rieti 1976, I 163-176; L.Deschamps, Kentron 10,1994,51-56; L.Deschamps, Trois nouveaux fragments des *Antiquités humaines* de Varron?, Boll. di Studi Latini 25,1995,16-21

Zur Datierung haben wir kein unabhängiges Zeugnis; doch darf man davon ausgehen, daß dieser Teil des Werkes vor den *Res Divinae* fertiggestellt wurde.

Dem Einleitungsbuch folgten je sechs Bücher *de hominibus, de locis, de temporibus, de rebus* (*qui agant, ubi agant, quando agant, quid agant*), also die Quadripertitio, die Varro auch sonst gern zugrundelegte (vgl.oben Kap. 2 a). Leider macht Augustinus, der sich nur für die *Res Divinae* interessierte, keine genaueren Angaben, außer der wichtigen (*civ*.6,4): *rerum humanarum libros non quantum ad orbem terrarum, sed quantum ad solam Romam pertinet, scripsit*. Der Titel läßt eine solche Einschränkung nicht erkennen.

Die erhaltenen Fragmente erlauben nur z.T. genauere Einsicht in die Aufteilung der Bücher und ihre Inhalte. Vom Einleitungsbuch teilt uns Gellius in seinem Kapitel über die Humanitas die Anfangsworte mit (13,17): *Praxiteles, qui propter artificium egregium nemini est paulum modo huma-*

niori ignotus. Für das zweite Buch, das erste *de hominibus*, lehren Zitate vor allem aus den Vergilkommentaren, daß Erechtheus und andere Könige von Athen genannt waren, vor allem aber Dardanus, die Flucht des Aeneas und seine Irrfahrten unter Leitung des Sterns der Venus. Es sieht so aus, als habe Varro hier und wohl auch im folgenden auf Vorarbeiten zurückgegriffen, die er dann *De gente populi Romani* ausführlicher verarbeitete. Im dritten Buch waren die Anfänge Roms behandelt; fr.4 Mirsch spricht wohl von Römern und Sabinern (ap.Non.p.90 M.): *postea cum his una rem publicam coniuncti ac congermanati tenuere*. Auch die Herkunft anderer italischer Stämme wurde erörtert (*gens Salentina* bei Probus *Verg. buc.* 6,31, auch sonst ein Nest von Varrozitaten). Fragmente der Bücher VI und VII RH nennen Numa und Servius Tullius. VIII-XIII *de locis* handelten sicher ausführlich von Rom (B.VIII mons Oppius) und italischen Regionen (B.XI Rhegium). Dabei wurden mythische und historische Überlieferungen herangezogen. Vermutlich griff Varro in den entsprechenden Abschnitten *De lingua Latina V* ebenso auf die *Res Humanae* zurück wie – von ihm selbst bezeugt – auf die *Res Divinae*. Aus den Büchern XIV-XIX *de temporibus* zitiert Gellius 3,2,2 ein Buch *de diebus* ohne Buchzahl. Die Grenzen des 24-Stunden-Tages bei Römern, Athenern und Babyloniern waren dort verglichen. Man darf wohl annehmen, daß weitere Bücher *de mensibus* und *de annis* handelten. Buch XVII bzw. XVIII befaßten sich wohl mit dem Gründungsdatum der Stadt und der Lehre von den Saecula (Censorinus *de die natali* 17,15). Varros Berechnung der Stadtgründung mit der Festlegung auf die Parilien (21.April) des Jahres 753 v.Chr. nach unserer Zeitrechnung ist als sog. Varronische Ära kanonisch geworden. Laut Plutarch im Leben des Romulus (c.12) hat Varro durch seinen und Ciceros *familiaris* L. Tarutius aus Firmum die Geburtstage des Romulus und der Stadt astrologisch errechnen lassen. In den Büchern XX-XXV *de rebus* wurden Einzelheiten der Res publica und des Staatsrechts erörtert; wir lesen von einem Einzeltitel *de bello et pace*. Ein längeres wörtliches Fragment bei Gellius 13,12,5 aus Buch XXI erläutert den Unterschied zwischen dem Recht römischer Magistrate auf *vocatio* – Vorladung vor Gericht – und *prensio* – Verhaftung. Hier hat sich der Autor auf eigene Erfahrungen als *triumvir capitalis* und Volkstribun berufen.

Die sicher reichliche Benutzung der *Res Humanae* bei Dionysios von Halikarnaß, Verrius, Plinius, Gellius, Censorin, den Vergilkommentatoren und vielen anderen kann nicht leicht zur Rekonstruktion des Werkes genutzt werden, da viel varronische Gelehrsamkeit ohne Nennung des Autors nur hypothetisch für ihn in Anspruch genommen werden kann. Geduldige Untersuchungen können wenigstens mit einer gewissen Wahrscheinlichkeit Bausteine zu einer Rekonstruktion und neuen Fragmentsammlung beitragen (e.g. Deschamps 1994,1995). Die Erhaltung der *Res Humanae* hätte unsere Kenntnisse von der römische Respublica auf eine viel festere Grundlage stellen können.

Res Divinae

Ausgaben der Fragmente: B.Cardauns, M.Terentius Varro. Antiquitates Rerum Divinarum. Teil I: Fragmente; Teil II: Kommentar, Abh.Akad.Mainz 1976; R.Agahd (nur B.I, XIV, XV, XVI), Fleck.Jbb.Suppl.24,1898,137-220; A.G. Condemi (nur B.I, II), Studi di filol. Class.XVI, Bologna 1965

P.Boyancé, Sur la théologie de Varron, REA 57,1955,57-84; N.Horsfall, Varro and Caesar. Three chronological Problems, BICS 19,1972,120-128; P.Boyancé, Étymologie et théologie chez Varron, REL 53,1975 (1976),99-115; B.Cardauns, Varro und die römische Religion. Zur Theologie, Wirkungsgeschichte und Leistung der 'Antiquitates Rerum Divinarum', ANRW II 16,1978,80-103; H.D. Jocelyn, Varro's *Antiquitates rerum divinarum* and Religious Affairs in the Late Roman Republic, Bull.J.Rylands Univ.Libr. Manchester 65,1982,148-205; Y.Lehmann, Varron théologien et philosophe romain, Coll.Latomus 237, Bruxelles 1997; B.Cardauns, Artikel 'Di gentium' in: Augustinus-Lexikon Vol. II Basel 1999, Sp.368-381

Die *Res Divinae* waren nach dem Zeugnis des Laktanz (*inst.*1,6,7) und Augustins (*civ.*7,35) dem Pontifex maximus Caesar gewidmet. Dieser Umstand und der deutliche Hinweis in Ciceros *Academica* grenzen das Erscheinungsdatum auf die Jahre zwischen 63 und 45 v.Chr. ein, doch kommt nur die Zeit kurz vor 45 wirklich in Betracht, vielleicht am ehesten 46 v.Chr. (Horsfall 1972). Varro selbst zitiert das Werk *De lingua Latina* 6,13 und 6,18. Wir wissen nicht, ob er sich mit der Widmung für seine Begnadigung oder für den Auftrag zur Vorbereitung einer großen öffentlichen Bibliothek bedanken wollte (s.u. S.56).

Der Aufbau der *Res Divinae* entsprach dem der *Res Humanae* mit einer wichtigen Erweiterung durch einen fünften Teil *de dis* über die Götter. Auf eine Einleitung in Buch I folgten drei Bücher (II-IV) *de hominibus*, und zwar *de pontificibus, de auguribus, de quindecimviris sacrorum*, die Bücher V-VII *de locis, sc. de sacellis, de sacris aedibus, de locis religiosis*, B.VIII-X *de temporibus sc. de feriis, de ludis circensibus, de ludis scaenicis*, B.XI-XIII *de sacris*, sc. *de consecrationibus, de sacris privatis, de sacris publicis*, B.XIV-XVI *de dis, sc. de dis certis, de dis incertis, de dis praecipuis atque selectis*. Noch in dem grundlegenden Handbuch von G.Wissowa (Religion und Kultus der Römer, München 1912) ist diese Gliederung erkennbar (Götter, Handlungen, Festzeiten, Örtlichkeiten, Priester). Die wichtigsten Quellen der Fragmente sind Tertullian, *Ad nationes*, und Augustinus, *De civitate Dei*. Beide haben Varro selbst gelesen, allerdings fast nur das Einleitungsbuch und die Bücher über die Götter. Für den Rest haben wir relativ wenige Fragmente, meist aus den Vergilkommentaren und Macrobius.

Im ersten Buch gab der Autor Rechenschaft über seine Absichten und sein Vorgehen. Die Voranstellung der *Res Humanae* begründete er so

(Aug.*civ*.6,4): *quod prius extiterint civitates, deinde ab eis haec instituta sint.... 'Sicut prior est pictor quam tabula picta, prior faber quam aedificium, ita priores sunt civitates quam ea, quae a civitatibus instituta sunt .... Si de omni natura deorum et hominum scriberemus, prius divina absolvissemus, quam humana adtigissemus'*.

Hier wird deutlich, daß der römische Staatskult, der in den *Res Divinae* dargestellt wird, als Teil der Civitas Romana angesehen wird und aus ihr seine Autorität bezieht. Es ist die Haltung, die bei Cicero *De natura deorum* 3,5 der Pontifex Cotta ausspricht: *harum ego religionum nullam umquam contemnendam putavi mihique ita persuasi, Romulum auspiciis Numam sacris constitutis fundamenta iecisse nostrae civitatis, quae numquam profecto sine summa placatione deorum inmortalium tanta esse potuisset.* Noch in der Zeit Augustins ist die Überzeugung vieler Römer, daß die Größe Roms nicht von seinem Götterkult zu trennen sei, für den Kirchenlehrer vielleicht der wichtigste Grund, Varros Werk als Basis für seine Polemik gegen das Heidentum zu wählen.

Das eigentliche Anliegen Varros bei der Abfassung der *Res Divinae* ist es denn auch, die in der späten Republik vernachlässigte und zum Teil in Vergessenheit geratene Religion der Väter wieder ans Licht zu heben und in seinen Büchern zum Nutzen seiner Mitbürger aufzubewahren. Er fürchte, so gibt Augustin seine Worte wieder (*civ*.6,2), die Götter gingen zugrunde nicht durch feindlichen Einfall, sondern durch die Nachlässigkeit der Bürger. Sie aus diesem Verfall zu befreien und im Gedächtnis der rechten Bürger (*boni cives*) durch solche Bücher zu bergen und zu bewahren, bringe größeren Nutzen als das Lob, das man Metellus für die Rettung der Heiligtümer aus dem Brand des Vestatempels und Aeneas für die der Penaten aus dem untergehenden Troia zolle. Die augusteische Renovatio hat versucht, diese Absicht Varros zu verwirklichen.

Den Nutzen für die Mitbürger weiß der pragmatische Gelehrte denn auch ganz konkret anzugeben: er habe nicht nur die Gottheiten genannt, die die Römer verehren müßten, sondern auch ihren Wirkungsbereich angegeben. Mit einem seiner aus dem Alltagsleben gegriffenen Vergleiche (I fr.3 ap.Aug.*civ*. 4,22): *Quoniam nihil prodest hominis alicuius medici nomen formamque nosse, et quod sit medicus ignorare*, so nütze es nichts, Aesculapius als einen Gott zu kennen ohne zu wissen, daß er der Gesundheit helfe. So wie niemand leben könne, wenn er nicht wisse, wer Zimmermann, Müller oder Stukkateur sei, so sei auch die Kenntnis der Götter und ihrer Wirkungsmöglichkeiten von Nutzen, denn: *Ex eo enim poterimus scire, quem cuiusque causa deum invocare atque advocare debeamus, ne faciamus, ut mimi solent, et optemus a Libero aquam, a Lymphis vinum.*

Wohl aus dem ersten Buch hat Tertullian, *ad nationes* 2,2,14, einen Abriß philosophischer Ansichten über die Klassifizierung der Götter bewahrt, der etwas über Varros Quellen sagt. Genannt werden der Stoiker Dionysius (unbekannt, vielleicht Cic. *Tusc*. 2,26 erwähnt), der Mythograph

Akusilaos, der Akademiker Xenokrates, Demokrit und Zenon. Varro selbst hat sich nach Tertullian die stoische, aber auf Demokrit zurückgeführte Gleichsetzung der Weltseele mit dem Feuer zu eigen gemacht, aber die Einbeziehung des Xenokrates weist auf den Einfluß der Schule Platons. So wird auch die Etymologie θεοί von θέειν (Götter vom Laufen der Gestirne benannt) aus Platon (*Kratylos* 397 c) übernommen. Nach Servius (*Aeneis* 6,703) wurde RD I auch Platons Lehre von der Seele im *Phaidon* ausführlich (*plenissime*) behandelt. Die Unterscheidung zwischen ewigen Göttern von Anbeginn und vergöttlichten Heroen beruft sich wieder auf Dionysius Stoicus, letztere werden noch einmal unterteilt in allgemein verehrte wie Castor und Pollux, Liber und Hercules, und bei einzelnen Völkern wie Faunus bei den Römern, Amphiaraus bei den Thebanern. Was den römischen Kult betrifft, so hat Varro offenbar seine historische Entwicklung ins Auge gefaßt. Tertullian gibt eine wertvolle Liste italischer, nichtrömischer Gottheiten, dann lesen wir von den Kulten, die Romulus begründete, die Titus Tatius hinzufügte und die Könige Numa, Hostilius und Tarquinius sowie spätere Feldherren (Lucullus, Aemilius). Das Verhalten der Konsuln und des Senats gegenüber unerwünschten fremden Kulten, Liber (Bacchanalienverbot), Isis und Serapis, scheint Varro zustimmend beschrieben zu haben. Man kann ihn durchaus den Begründer der römischen Religionsgeschichte nennen.

Theologia tripertita

J.Pépin, Mythe et allégorie, Paris 1958, bes.276-392; G.Lieberg, Die ‚theologia tripertita' in Forschung und Bezeugung, in: ANRW I 4,1973,63-115; W.Geerlings, Die ‚theologia mythica' des M.Terentius Varro, in: G.Binder/ B.Effe (Hrsg.), Mythos, Trier 1990,205-222; A.Dihle, Die Theologia tripertita bei Augustin, in: Geschichte-Tradition-Reflexion. Fs. M.Hengel (hg. H.Cancik u.a.) Bd.2, Tübingen 1996,183-202; Y.Lehmann 1997,193-225

Im ersten Buch RD hat Varro die wichtige und vieldiskutierte dreifache Lehre von den Göttern vorgetragen (Aug.*civ.* 6,5):

Mythicon appellant, quo maxime utuntur poetae, physicon, quo philosophi, civile, quo populi. Primum quod dixi, in eo sunt multa contra dignitatem et naturam inmortalium ficta. In hoc enim est, ut deus alius ex capite, alius ex femore sit, alius ex guttis sanguinis natus; in hoc, ut dii furati sint, ut adulterarint, ut servierint homini; denique in hoc omnia diis attribuuntur, quae non modo in hominem, sed etiam quae in contemptissimum hominem cadere possunt... Secundum genus est, quod demonstravi, de quo multos libros philosophi reliquerunt; in quibus est dii qui sint, ubi, quod genus, quale est: a quodam tempore an a sem-piterno fuerint dii; ex igni sint, ut credit Heraclitus, an ex numeris, ut Pytha-goras, an ex atomis, ut ait Epicurus. Sic alia, quae facilius intra parietes in schola quam extra in foro ferre possunt aures. ... Tertium genus est, quod in urbibus cives, maxime sacerdotes, nosse atque administrare debent. Prima theologia maxime accommodata est ad theatrum, secunda ad mundum, tertia ad urbem.

Kritik übt Varro an allen drei Genera. Die Mythologie, ein Werk der Dichter, enthält vieles, das der Natur der Götter widerspricht und ist ihrer unwürdig. Die Philosophen stiften Verwirrung durch den Streit um sich widersprechende Meinungen, Schulgezänk, das besser nicht öffentlich ausgetragen würde. Er selbst sieht sich den Philosophen aber näher als den Dichtern. Die Bürger, die *civitas Romana*, haben aus beiden Richtungen einiges übernommen, das besser unterblieben wäre; denn das Volk neigt mehr den Dichtern als den Philosophen zu. Wenn er das Gemeinwesen neu begründen sollte, würde er die Götter und ihre Namen ihrem wahren Wesen entsprechend verehren – *ex naturae potius formula dedicaturum*.

Die Beurteilung der vier Stufen der Etymologie (*ling*.5,7-9) entspricht dem gleichen Muster (Boyancé 1975). Das Volk geht mit der Sprache unverständig um und läßt mit der Zeit entstellende Lautveränderungen zu, die Dichter erweitern die Sprache durch Erfindungen (*fingere* ist das Schlüsselwort), die der *delectatio* dienen, aber nicht der *utilitas* (*ling*.5,9), die Philosophen sind kluge Interpreten und sehen vieles richtig, aber das Wesentliche haben nur in alter Zeit die Weisen und Könige erfaßt.

Der Vergleich kann auch die Reihenfolge der drei *theologiae*, μυθική, φυσική und πολιτική (Aug.*civ*.6,12), erhellen. Tertullian, der freier mit seiner Quelle umgeht, ordnet anders und braucht statt *civile* das christliche *gentile*. Wie bei den Stufen des etymologischen Verständnisses geht es auch hier um die gradweise Annäherung an das Wesen der Sache, also der Götter. Die Dichter geben durch ihre Fiktionen eine falsche Vorstellung, die Philosophen wollen zwar die Natur der Götter erfassen, bieten aber mit ihren widersprüchlichen Ansichten ein verwirrendes Bild. Die Religion des Volkes bzw. der Kult der römischen Respublica ist zwar auch teilweise entstellt wie die heutige Umgangssprache, doch ihr Kern ist von den Königen, den Stadtgründern, aus dem tiefen Wissen größerer Götternähe gestiftet. In Ciceros Büchern *De natura deorum*, in denen sich kein Einfluß der *Res Divinae* nachweisen läßt, vertritt der Pontifex Cotta die gleiche Grundhaltung: am Ende schiebt er die so sehr divergierenden Lehren der Philosophen und seine eigene skeptische Kritik beiseite und hält sich an die Religion der Vorfahren.

Das Wissen der Könige läßt sich am ehesten unter dem Bild der Mysterienweisheit erahnen. Seine Deutung der Penaten RD XV fr.205 (Serv.auct. *Aen*.2,296) als Iuppiter, Juno und Minerva verbindet er mit der Weihe des kapitolinischen Tempels durch Tarquinius, von dem er behauptet: *Tarquinius Demarati Corinthii filius, Samothraciis religionibus mystice imbutus, uno templo et sub eodem tecto coniunxit*. Die Einführung der Götterbilder, die Rom 170 Jahre nicht gekannt habe (RD I fr.18), d.h. bis zum Bau des Kapitols, und die er eigentlich als eine Verfälschung des reinen Kults ansieht, erklärt er (Aug.*civ*.7,5; RD XVI fr.225) symbolisch für die, *qui adissent doctrinae mysteria*. Wie ein Gefäß für den Inhalt stehen kann, wie der

Körper des Menschen auf seinen Geist verweist, so kann man beim Anblick der menschlichen Gestalt der Götterbilder im Geiste die Weltseele und ihre Teile, die Götter, erblicken. Das war die Absicht derer, die zuerst die Bilder schufen.

Die Weisheit der Könige und Stadtgründer ist ein Mysterium. Wie sie ihr Wissen von den Göttern *ex naturae formula* erlangten, bleibt Geheimnis. Im *Logistoricus Curio* (Aug.*civ*.7,35) las man, daß König Numa sich der Hydromantie bediente, wie auch später (!) Pythagoras, und im Wasser Gestalten der Götter sah, die ihm ihre Weisungen gaben. Auch das ist ein Bild für das Mysterium; nur hier läßt der Rationalist durchblicken, daß das Göttliche letztlich ein unerklärliches Fascinosum ist.

Die Einführung der Götterbilder machte der heiligen Scheu und damit der Furcht ein Ende (Aug.*civ*.4,31; RD I fr.18): *qui primi simulacra deorum populis posuerunt, eos civitatibus suis et metum dempsisse et errorem addidisse.* Götterfurcht (*metus deorum*) ist hier positiv gesehen, ähnlich der Rolle, die der Furcht Sallust für die Concordia der Bürger und Tacitus für die Selbstzucht des Princeps Tiberius zuschreiben. An anderer Stelle unterschied Varro den Abergläubischen (*superstitiosus*), der vor den immer guten Göttern Angst hat (*timeri deos*) vom Frommen (*religiosus*), der die Götter verehrt wie Eltern (*vereri ut parentes*; Aug.*civ*.6,9).

Es sind nicht nur die Dichter, die dem Volk falsche Ansichten über die Götter vermitteln, sondern auch kluge Männer können in bester Absicht die ursprüngliche Reinheit des Kultes verfälschen. Hier kann man zwei Zeugnisse anschließen, die Augustinus mit einer gewissen Befriedigung notiert hat. Der Nutzen kann eine Täuschung des Volkes rechtfertigen (Aug. *civ*. 4,31): *multa esse vera, quae non modo vulgo scire non sit utile, sed etiam, tametsi falsa sunt, aliter existimare populum expediat, et ideo Graecos teletas ac mysteria taciturnitate parietibusque clausisse.* Dieselbe Ansicht hatte der Pontifex Scaevola in Varros *Logistoricus Curio* vorgetragen (Aug. *civ*.4,27): *expedire igitur existimat falli in religione civitates.* Ein zweites Zeugnis für einen speziellen Fall (Aug.*civ*.3,4): *utile esse civitatibus dicit, ut se viri fortes, etiamsi falsum sit, diis genitos esse credant, ut eo modo animus humanus velut divinae stirpis fiduciam gerens res magnas adgrediendas praesumat audacius, agat vehementius et ob hoc impleat ipsa securitate felicius.* Es liegt nahe, hier an Caesar zu denken, dem das Werk gewidmet ist (Y.Lehmann 1997,160 ff.). Zielt Varro hier besonders auf ihn oder eher auf Romulus, ist es eine Anerkennung (*utile esse civitatibus*) und hat Caesar diesen Passus im Einleitungsbuch der *Res Divinae* gelesen und mit welchem Grad leicht amüsierter Zustimmung? Wenn am Anfang der *Res Divinae* die Gleichung der sabinischen Göttin Vacuna mit Victoria ‚*quod ea maxime hi gaudent, qui sapientiae vacent*', auf den Sieg Caesars bezogen werden kann, wäre Varro nicht nur wirkungsgeschichtlich, sondern auch persönlich ein Inaugurator der augusteischen Renovatio.

Der Nutzen der Religion für die Res publica wird auch sonst sehr nüchtern hervorgehoben: Heiligtümer im Stadtgebiet sollen mit ihren Freiräumen (*areae*) Brände hindern und der Bevölkerung Zuflucht bieten (RD VI fr.69): *ideo loca sacra civitates habere voluisse, ne per continua aedificia incendia prolaberentur et ut esset, quo confugerent plerique cum familia sua in periculis*. Die Stadtmauer wird für heilig gehalten, damit die Bürger willig für sie kämpfen und sterben (Plut. *quaest.Rom.* 27). Ganz unbefangen wird ein 'profaner' Zweck und nicht die Ehre der Götter zum Grund für die Errichtung von Tempeln erklärt (*ideo*).

Die *theologia tripertita* ist vor Varro nicht bezeugt. An anderer Stelle, im *Logistoricus Curio de cultu deorum* (s. u. Kap.7), hat Varro den gelehrten Pontifex Scaevola darüber sprechen lassen, nach Augustinus *civ.*4,27 mit der gleichen Einschätzung. Alle Versuche, die dreifache Theologie auf eine bestimmte philosophische Schule oder einen Philosophen zurückzuführen, haben zu keinem Ergebnis geführt (Lieberg 1973). Natürlich ist es offensichtlich, daß die griechische Vorstellung von den Göttern durch die Dichter, vor allen Homer, geprägt ist, daß dann die Philosophie ihre eigenen Ansichten entwickelt, und schließlich gibt es den alltäglichen Kult, den die Bürger der Polis vollziehen; vielfach werden Philosophen und Dichter, weniger das Volk, mit der Götterlehre verbunden. Die dreifache Gliederung, die Varro zuerst verwendet, fand er sicher in einer uns unbekannten griechischen Quelle, denn das erweisen die griechischen Termini; jedenfalls kam sie seinem Sinn für klare Einteilungen entgegen und hat durch ihn seit Augustinus auf Theologen und Philologen eine gewisse Faszination ausgeübt.

Im Zusammenhang mit der dreifachen Theologie hat Varro im ersten Buch RD den Philosophen Recht gegeben, die in der Weltseele, die durch Vernunft die Welt regiert, die Gottheit sehen. Freilich haben auch die Philosophen nicht mehr den unmittelbaren Zugang zu den Mysterien des Wissens, in der Götterlehre ebensowenig wie in der Sprachlehre. Varro ist sich als Schüler der Akademie bewußt, daß er Ansichten, *opiniones*, vorträgt, kein sicheres Wissen. Zu Beginn von RD XV *de dis incertis* standen die Worte (Aug.*civ.*7,17):

> *Cum in hoc libello dubias de diis opiniones posuero, reprehendi non debeo. Qui enim putabit iudicari oportere et posse, cum audierit, faciet ipse. Ego citius perduci possum, ut in primo libro quae dixi in dubitationem revocem, quam in hoc quae persribam omnia ut ad aliquam dirigam summam.*

Und ähnlich im Buch XVI *de dis praecipuis atque selectis* (*civ.*7,17; fr.228):

De diis ... populi Romani publicis ... in hoc libro scribam, sed ut Xenophanes Colophonios scribit, quid putem, non quid contendam, ponam. Hominis est enim haec opinari, dei scire.

Das stempelt den Schüler des Antiochos noch nicht zum grundsätzlichen Skeptiker, läßt aber Fähigkeit zur Selbstkritik erkennen und die Einsicht, daß nicht überall ein endgültiges Wissen erreicht werden kann. In diesem Lichte sollte man auch andere Widersprüche und die häufige Unentschiedenheit zwischen unvereinbaren Etymologien sehen.

Seine *naturalis theologia* hat Varro vor allem im ersten und sechzehnten Buch der *Res Divinae* dargestellt. Im ersten Buch erscheint besonders betont der Weltenherrscher Iuppiter, König aller Götter und Göttinnen, letztlich die Weltseele (RD I fr.13: *anima motu ac ratione mundum gubernans*). Er ist derselbe, den unter anderem Namen (Ἰάω) die Juden in ihrem bildlosen Kult verehren (RD I fr.15-17). Die Anerkennung des jüdischen Kultes steht vielleicht unter dem Einfluß des Poseidonios. Pompeius hatte 63 v.Chr. das Allerheiligste in Jerusalem betreten und kein Götterbild vorgefunden. Im *Logistoricus Curio* wurden Verse des Valerius Soranus zitiert:

Iuppiter omnipotens, regum rerumque deumque
Progenitor genetrixque, deum deus, unus et omnes.

Der stoisch beeinflußte Pantheismus, das Wirken der Weltseele, die alle Elemente durchdringt und in ihren Teilen unter vielen Namen die Verehrung vieler Gottheiten begründet, wurde in Buch XVI erläutert. Neben diesem monistischen Ansatz ist bei Varro aber auch ein dualistisches Prinzip nicht zu übersehen. *De lingua Latina* 5,57 beginnt der Abschnitt über die Götter (5,57-74) nicht mit Iuppiter, sondern mit Himmel und Erde: *Principes dei Caelum et Terra. Hi dei idem qui Aegypti Serapis et Isis ... Idem principes in Latio Saturnus et Ops. Terra enim et Caelum, ut Samothracum initia docent, sunt dei magni.* Das Folgende wird im wesentlichen von der männlich-weiblichen Dualität bestimmt. Die gleichen Prinzipien finden sich wieder *im Logistoricus Curio* (ap.Prob.*Verg.ecl*.6,31): ... (*Terra et Caelum*) *in haec duo divisus mundus. Item duo initiales, unde omnia et omnes orti, et hi Dii magni appellati in Samothrace.* Mit Bezug auf dasselbe Doppelprinzip Caelum-Terra ist noch Buch XVI strukturiert (RD XVI fr.263). Eine weitergehende Deutung der Götter von Samothrake stand RD XV fr.206 (Aug.*civ*.7,28): *se ibi multis indiciis collegisse in simulacris aliud significare caelum, aliud terram, aliud exempla rerum, quas Plato appellat ideas; caelum Iovem, terram Iunonem, ideas Minervam.* Der Kontext läßt darauf schließen, daß Varro selbst in die Mysterien eingeweiht war (vielleicht 67 v.Chr.) und sogar den Priestern ihnen Unbekanntes in einem Schreiben mitteilen wollte. Die samothrakische Deutung ist sicher nicht stoisch. Juno wird von Stoikern mit der Luft (Ἥρα ἀήρ) gleichgesetzt, und die platonischen Ideen können nur in der Lehre der Akademie Platz finden.

Vergleichbar ist eine platonische Lehre bei Hippolytos, *Refutatio* 1,19 mit den drei Prinzipien θεός ὕλη παράδειγμα (διάνοια τοῦ θεοῦ, ἰδέα). Wie Varro diese divergierenden Vorstellungen miteinander verbunden hat, ist noch nicht hinreichend geklärt (vgl.Y.Lehmann 1997,226 ff.).

Die einzelnen Gottheiten

Die letzten drei Bücher der *Res Divinae* waren den Göttern des römischen Staatskultes gewidmet. Die Titel *de dis certis, incertis, praecipuis atque selectis* ergeben sich aus Varros Gliederung und methodischer Selbsteinschätzung; über das Wesen der Götter ist damit nichts gesagt.

Buch XIV behandelte die Gottheiten, deren Bereich, Zuständigkeit und Funktion Varro sicher schien. Geordnet hat er sie nicht nach kultischen Gesichtspunkten, sondern nach dem Ablauf und den Erfordernissen des Menschenlebens; Augustinus gibt die Übersicht (civ.6,9): *coepit a conceptione hominis ... eamque seriem perduxit usque ad decrepiti hominis mortem ...deinde coepit deos alios ostendere, qui pertinerent non ad ipsum hominem, sed ad ea quae sunt hominis, sicuti est victus atque vestitus et quaecumque alia huic vitae sunt necessaria, ostendens in omnibus, quod sit cuiusque munus et propter quid cuique debeat supplicari.* Damit erhielt das Buch wie auch die übrigen Handbuchcharakter; man konnte nachschlagen, was man gerade brauchte. Nahrung und Kleidung sind auch *De lingua Latina* V (105 sqq.) wichtige Kategorien zur Ordnung der Etymologien.

Auch in RD XIV sind Etymologien unerläßlich, um Erkenntnisse über das Wesen der zahlreichen Götternamen zu gewinnen, die Varro den Indigitamenta und anderen Aufzeichnungen der Pontifices entnehmen konnte. Nach Augustinus *civ.*4,24 (fr.189) haben die Maiores die Götter, deren Namen sie nicht fanden, nach ihren Gaben benannt, die sie von ihnen zu empfangen glaubten. Das geschah zum Teil durch Ableitungen, wie *Bellona* von *bellum*, *Cunina* von *cunae* (Wiege), aber auch ohne Wortveränderung wie die Sache selbst, z.B. *Pecunia, Virtus, Concordia.* Nicht das Geld (*pecunia*) ist eine Göttin, sondern die Gottheit, die es gewährt. Diese Annahme erlaubt es dem Forscher dann, aus dem Namen auf das Wesen zurückzuschließen. Dabei ist Varro, wo ihn die alten, oft kaum noch verständlichen Texte ohne Erklärung ließen, vielfach in die Irre gegangen und hat durch Konstruktionen eine falsche Sicherheit sich selbst und allen Späteren vorgetäuscht.

Buch XV *de dis incertis* enthielt Götter, deren Funktion besonders schwer zu bestimmen war: Penates, Lares, Manes und wohl auch die vergöttlichten Heroen Faunus, Romulus, Hercules. Die Zuweisung ist aber bis auf die Penaten im einzelnen hypothetisch.

Im Buch XVI *de dis praecipuis atque selectis* hat Varro wichtige Götter des Staatskults ausgewählt, die sich der Festlegung auf eine begrenzte

Funktion entzogen, aber eine Deutung im Sinne der *theologia naturalis* erlaubten. Soweit sie eine griechische Entsprechung hatten, gab es für den Römer auch Vorgaben vor allem in der stoischen Götterlehre. Es sind zwölf männliche und acht weibliche Gottheiten: Ianus, Iuppiter, Saturnus, Genius, Mercurius, Apollo, Mars, Volcanus, Neptunus, Sol, Orcus, Liber pater, Tellus, Ceres, Iuno, Luna, Diana, Minerva, Venus, Vesta. Wir kennen die Gründe für die Voranstellung des Ianus vor Iuppiter und der Tellus vor den anderen Göttinnen (das Götterpaar Himmel und Erde), aber nicht für ihre Auswahl und Reihenfolge. Aber ein Punkt verdient vielleicht unsere Aufmerksamkeit. Zur Deutung der Tellus zitiert Augustinus wörtlich (*civ.*7,24):

> *Tellurem putant esse Opem, quod opere fiat melior; Matrem, quod plurima pariat; Magnam, quod cibum pariat; Proserpinam, quod ex ea proserpant fruges; Vestam, quod vestiatur herbis. Sic alias deas non absurde ad hanc revocant. Cum quibus opinio maiorum de his deabus, quod plures eas putarunt esse, non pugnat. Sed potest fieri, ut eadem res et una sit, et in una quaedam res sint plures.*

Gemäß diesem Denkschema eröffnen sich viele Möglichkeiten für die Deutung. Der antike Polytheismus nicht nur stoischer Prägung konnte ja Einheit und Vielheit des Göttlichen widerspruchslos vereinen. Es gibt viele Ausprägungen und Erscheinungsformen, die sich nicht gegenseitig ausschließen. Das starre Entweder-Oder konnte Varro auch bei der Sprachbetrachtung beiseite schieben, so in *De lingua Latina* 5,74 bei der Behandlung der sabinischen Gottheiten, die König Titus Tatius in Rom einführte (auch RD I behandelt): *e quis nonnulla nomina in utraque lingua habent radices, ut arbores quae in confinio natae in utroque agro serpunt; potest enim Saturnus hic de alia causa esse dictus atque in Sabinis, et sic Diana.*

Aus den Büchern II-XIII der *Res Divinae* sind verhältnismäßig wenig sichere Fragmente erhalten. Das umfangreichste ist der Katalog der zehn Sibyllen, den Laktanz (*inst.*1,6,7-12) aus dem vierten Buch *De quindecimviris sacrorum* anführt. Er hat bis in die Fresken der Sixtinischen Kapelle seine eigene Geschichte.

De gente populi Romani und De vita populi Romani

Ausgaben: Fraccaro 1907, Riposati 1939

L.Ross-Taylor, Varro's *De gente populi Romani*, CPh 29,1934,221-229; B.Reischl, Reflexe griechischer Kulturentstehungslehren bei augusteischen Dichtern, Diss.München, Augsburg 1976, bes. 80 ff.; W.Ax, Dikaiarchs *Bios Hellados* und Varros *De vita populi Romani*, RhM 143,2000,337-369

Diese beiden Werke in je vier Büchern, die eine Einheit bilden, sind 43 v.Chr. oder später entstanden (Hirtius und Pansa, die Konsuln dieses Jahres, werden *De gente p.R.* erwähnt). Doch haben die Proskriptionen vom November 43 Varros Arbeiten sicher unterbrochen, wie lange, wissen wir nicht. Wichtigstes Vorbild, auch für den Titel, waren die vier Bücher Βίος Ἑλλάδος (Leben Griechenlands) des Dikaiarchos von Messene, eines Schülers des Aristoteles. Dikaiarch gab darin eine Kulturgeschichte Griechenlands, begann aber mit der Frühgeschichte der Menschheit (Goldene Zeit, Hirtenleben und Ackerbau) und bezog in seine chronologisch geordnete Darstellung auch orientalische Kulturen ein.

Varro hat diesen Teil für *De gente p.R.* und später in Buch II *De re rustica* herangezogen. Analog zur ‚Vita' eines Volkes, worunter auch die Lebensführung zu verstehen ist, gibt seine ‚Gens' Aufschluß über die Herkunft wie bei einem Individuum. Die vier Bücher *De gente p.R.*, deren Fragmente sich vor allem bei Augustinus im *Gottesstaat* finden, umspannten die Zeit von den Anfängen bis zur römischen Königszeit. Quelle für die Chronologie der orientalischen und griechischen Reiche waren die *Chronika* des Kastor von Rhodos, der in 6 Büchern einen geschichtlichen Überblick bis zum Jahre 61/60 v.Chr. gegeben hatte. Varros Gliederung in die kaum bekannte Frühzeit bis zur ogygischen Flut, in die mythische Epoche bis zur ersten Olympiade (776 v.Chr.), und dann die historische Epoche (bei Censorinus, *De die natali* 21: tempus ἄδηλον, μυθικόν, ἱστορικόν) geht vielleicht auch auf Kastor von Rhodos zurück. Das zweite Buch reichte bis zum trojanischen Krieg (1176 v.Chr. unserer Rechnung). Neben der Chronologie, vor allem anhand von Königslisten, wurden die Übernahmen von Einrichtungen und Gebräuchen anderer Völker durch die Vorfahren beachtet: *quid a quaque traxerint gente per imitationem* (Serv.Aen.7,176). Zur Kulturentwicklung der Menschheit hat Varro später auch im Buch II *De re rustica* Dikaiarch benutzt und zitiert. Dabei läßt er freilich das goldene Zeitalter beiseite und berücksichtigt nur den kulturellen Aufstieg.

Die vier Bücher *De vita populi Romani ad Atticum*, deren Fragmente meist durch den Grammatiker Nonius überliefert sind, stellen die Kulturgeschichte des römischen Volkes seit der Königszeit dar. Die Gliederung erfolgte wie bei Dikaiarch nicht nach Sachgebieten, sondern chronologisch: Königszeit (I), frühe Republik bis Pyrrhus (II), punische Kriege bis zum Erwerb der Provinz Asia 133 v.Chr. (III), von den Gracchen bis zum Bürgerkrieg (IV). Neben Dikaiarch kannte Varro vermutlich auch den *Bios Hellados* des Stoikers Jason von Nysa, eines Zeitgenossen, ebenfalls in vier Büchern. Das Material für die römischen Einrichtungen und Sitten mußte er natürlich der römischen Überlieferung entnehmen. Hier liegt seine eigene Leistung.

Ein Abschnitt über die Enthaltsamkeit der Frauen vom Weingenuß ist in mehreren Brechungen erhalten (fr.38/39 Rip.). Ein Fragment ist bei Nonius wörtlich wiedergegeben:

> *Antiquae mulieres maiores natu bibebant loream aut sapam aut defretum aut passum <aut moriolam>, quam murrinam quidem Plautus appellari putat.*

Die erlaubten Getränke wurden im einzelnen erklärt (fr.40-43 Rip.): *lorea* ist Most aus Trebern, *sapa* eingedickter Most, *defretum* (*defrutum*) noch stärker verdickt, *passum* aus getrockneten Trauben bereitetes Getränk, *moriola* (*muriola*) oder *murrina* eine Art Likör. Im Zusammenhang damit berichtete Varro von Egnatius Metennius zur Zeit des Romulus, der seine Frau mit einem Knüppel erschlug, weil sie Wein getrunken hatte, und straffrei ausging, und zitierte Cato, nach dem Männer ihre Frau küßten, um so festzustellen, ob sie nach Wein rochen. Der Philologe und Literaturkenner (Plautuszitat) nimmt sich des Themas liebevoll an, auch die Etymologie der Wörter für den Kuß, *osculum* und *savium*, fehlen nicht. Lob der einfachen Lebensführung der alten Zeit und damit Kritik an der Gegenwart ist immer wieder spürbar und erstreckt sich auf alle Bereiche. Das gilt sogar für die Götterstatuen (fr.15 Rip.): *quid inter hos Ioves intersit et eos, qui ex marmore, ebore, auro nunc fiunt, potes animadvertere et horum temporum divitias et illorum paupertates*. Das Lob des *mos maiorum* läßt immer wieder mit dem Antiquar den Zeitkritiker zu Wort kommen, der nicht nur Material sammelt, sondern der bedrohlichen Dekadenz der eigenen Zeit ein Gegenbild vor Augen halten und so auf sie wirken will, ähnlich wie der jüngere Zeitgenosse Sallust.

Weitere antiquarische Schriften

In den Rahmen der *Antiquitates rerum humanarum* gehören weitere, z.T. nur wenig kenntliche Schriften, die das römische Staatswesen betrafen. Auch die auf die aktuelle Politik des Pompeius bezüglichen, wie die *Ephemeris navalis* (77 v.Chr. vor Beginn des Krieges gegen Sertorius), eine Art meteorologisches Handbuch, der *Εισαγωγικός ad Pompeium* (vor dem Konsulat 70 v.Chr.), ein Ratgeber in staatsrechtlichen Fragen, aus dem Gellius 14,7 einen Auszug gibt, und wohl auch die *tres libri legationum* enthielten, soviel wir den Fragmenten entnehmen können, viel gelehrtes Material.

Nur durch je ein Zitat und den Katalog wissen wir von den *Rerum urbanarum* libri III (Erwähnung des Spartacus), den *Annalium libri tres* (Münzprägung durch Servius) und dem *Tribuum liber*. Dieses Werk zitiert Varro selbst *De lingua Latina* 5,56 bei der Gliederung der Stadt, hat also auf das zuvor publizierte Material zurückgegriffen wie bei den Götternamen auf die *Antiquitates rerum divinarum*.

De familiis Troianis

H.J.Bäumerich, Über die Bedeutung der Genealogie in der römischen Literatur, Diss.Köln 1964,41-62

Thematische Berührung mit dem zweiten Buch der *Res Humanae* und *De gente populi Romani* hat das Werk *De familiis Troianis*, das Serv. *Aen.* 5,704 zitiert: *quod etiam Varro docet in libris, quos de familiis Troianis scripsit.* Demnach umfaßte es mindestens zwei Bücher (fehlt im Katalog). Die Entstehungszeit läßt sich kaum bestimmen. Zum Inhalt erfahren wir aus Servius 5,704 und 2,166, daß Diomedes das aus Troia geraubte Palladium, das ihm nur Unglück brachte, in Kalabrien bei einer Begegnung mit Aeneas diesem zurückgeben wollte. Dieser, der gerade mit verhülltem Haupt opferte, habe sich abgewandt und einer seiner Gefährten, Nautes, habe das Kultbild entgegengenommen und seine Nachkommen, die *gens Nautia*, hätten die Göttin besonders verehrt. Nun ist die patrizische *gens Nautia* bereits im 3.Jh.v.Chr. ausgestorben und eine Familienüberlieferung konnte Varro nicht mehr vorliegen, allenfalls Bezeugung ihrer Verbindung mit dem Minervakult. Es ist nicht auszuschließen, daß er eine sonst nie bezeugte Übernahme des Palladiums selbst konstruiert hat. Vergil berichtet denn auch davon nicht, aber er nennt Nautes unter den Gefährten des Aeneas als Günstling der Pallas (*Aen.*5,704): *Tum senior Nautes, unum Tritonia Pallas quem docuit multaque insignem reddidit arte.* Als Quelle Vergils hat *De familiis Troianis* sicher gedient, auch wenn sich dies sonst nicht mehr belegen läßt.

Der Umfang von mindestens zwei Büchern läßt darauf schließen, daß eine größere Zahl von Familien angeblich trojanischer Abstammung behandelt wurde, doch gibt es keine weiteren gesicherten Fragmente. Varros Freund T.Pomponius Atticus hat übrigens ebenfalls, vielleicht vor Varro, genealogische Schriften für römische Gentes verfaßt.

6 Schriften zur Literatur

De poetis

Fragmente: Funaioli fr.55-62
H.Dahlmann, Studien zu Varro ‚De poetis', Abh.Ak.Mainz 1962 (darin Anhänge zu περὶ χαρακτήρων, De proprietate scriptorum; De descriptionibus); ders., Zu Varros Literaturforschung, besonders in ‚De poetis', in: Varron, Entretiens 1963,1 ff.

In mindestens zwei Büchern – das Werk fehlt im Katalog - waren Biographien römischer Dichter gesammelt und in den Zusammenhang einer römischen Literaturgeschichte gestellt. Für Suetons Dichterbiographien muß es eine wichtige Quelle gewesen sein, und man kann sich vielleicht die Anlage ähnlich vorstellen wie Suetons *De grammaticis et rhetoribus*.

Ein besonderes Verdienst war Varros Heranziehung von archivalischem Material zu den dramatischen Aufführungen (*antiqui commentarii*) und die Feststellung, daß Livius Andronicus im Jahre 240 v.Chr., ein Jahr vor der Geburt des Ennius, zuerst ein Stück zur Aufführung brachte. Seitdem galt Livius als Archeget der römischen Dichtung. Die Entdeckung Varros wurde sogleich aufgegriffen und wohl durch Vermittlung des Atticus (*liber annalis*) von Cicero akzeptiert. Zwar gibt Cicero *Brutus* 72 (46 v.Chr.) keinen Namen (*ut hic ait, quem nos sequimur*), aber zuvor (*Brutus* 60) nennt er zur Lebenszeit des Naevius Varro als Quelle (*Varro noster diligentissimus investigator antiquitatis*) und der Vergleich mit Gellius 17,21,42 sichert die Herkunft aus dem ersten Buch *De poetis*. Auch in den *Tuskulanen* (1,3) und im *Cato maior* (50) nennt Cicero dieses Grunddatum der römischen Literatur. Weitere Angaben über Ennius und Cn. Naevius bei Gellius 17,21,43/45 gehen auf dieselbe Quelle zurück.

Wieder ist es Gellius, der 1,24 drei Grabepigramme der Dichter Naevius, Plautus und Pacuvius mittteilt. Zwar gibt er nur zu dem des Plautus Varro *in libro de poetis primo* als Quelle an, doch gilt dies sicher auch für die beiden anderen. Gellius ist, wenn auch mit Zweifeln, der Ansicht, die Dichter selbst hätten die Epigramme verfaßt, doch handelt es sich um eine literarische Fiktion. Zu griechischen Dichterviten gehört oft ein Grabepigramm, und bekannt ist uns auch das des Vergil (*Mantua me genuit* etc.), das vom Dichter selbst gesprochen scheint. Auch andere überlieferte Epigramme lassen bekanntlich oft den Toten sprechen.

Es muß offen bleiben, ob die von Gellius zitierten Gedichte von Unbekannten oder von Varro selbst stammen. In den *Hebdomades* (s.u. Kap.8) hat er auch jeder der abgebildeten Berühmtheiten ein Epigramm hinzugefügt und sicher einen großen Teil selbst gedichtet. So sei auch das Gedicht auf Naevius, passend im Maß der Saturnier, hier wiedergegeben:

Immortales mortales si foret fas flere,
flerent divae Camenae Naevium poetam.
Itaque postquam est Orchi traditus thesauro,
Obliti sunt Romae loquier lingua Latina.

De poematis

Fragmente: Funaioli fr.63-67
H.Dahlmann, Vates, Philologus 97,1948,337-353; H.Dahlmann, Varros Schrift ‚De poematis' und die hellenistisch-römische Poetik, Abh.Ak.Mainz 1953; H.Geller, Varros Menippea „Parmeno", Köln 1966

Das Werk, das drei Bücher umfaßte, ist nach *De poetis* verfaßt; Varro kündigt es *ling.*7,36 an. Es steht aber im selben thematischen Zusammenhang, da Varro in beiden Werken nach hellenistischem Vorbild Dichtkunst behandelte, neben dem *artifex* hier nun die *ars* (Dahlmann 1953 u.1962), wovon Suetons Einleitung zu *De grammaticis et rhetoribus* eine Vorstellung geben kann. Die Theorie der Dichtkunst war auch ein Thema der Menippea *Parmeno*; fr.398 gibt Definitionen: *poema est lexis enrhythmos, id est verba plura modice in quandam coniecta formam; itaque etiam distichon epigrammation vocant poema. Poesis est perpetuum argumentum ex rhythmis, ut Ilias Homeri et Annalis Enni. Poetice est ars earum rerum.*

Wenn auch bei späteren Grammatikern diese und andere Äußerungen zur Dichtkunst ihren Einfluß behielten, so ist doch eine ‚Entdeckung' Varros besonders erfolgreich gewesen. In *De lingua Latina* 7,36 verweist er schon auf *De poematis* bei der Erklärung des Verses aus den Annalen des Ennius (fr.207 Skutsch) ‚*Versibus quos olim Fauni vatesque canebant*'. Dazu merkt er an: *Fauni dei Latinorum ... hos versibus quos vocant Saturnios in silvestribus locis traditum est solitos fari <futura, a> quo fando Faunos dictos. Antiqui poetas vates appellabant a versibus viendis, ut de poematis cum scribam ostendam.* Eine weitere Herleitung findet sich u.a. bei dem Vergilkommentator Servius *auct.Aen.*3,443: *vates a vi mentis appellatos Varro auctor est.* Auch *ling.*6,52 heißt es von den Wahrsagern (*fatidici*): *dicti idem vaticinari, quod vesana mente faciunt; sed de hoc post erit usurpandum, cum de poetis* (i.e. B.VII) *dicemus.*

Beide Etymologien spiegeln die zwei Aspekte des Dichters, den handwerklichen und den gottbegeisterten, inspirierten. Beide haben griechische Parallelen, die Varro wohl bekannt waren, nämlich die Verbindung von ῥαψῳδός (epischer Dichter, Rhapsode) mit ῥάπτειν (zusammennähen, dazu *viere* – flechten) und von μάντις (Seher) mit μανία – (Wahnsinn, dazu *vis mentis* oder *vesania*). Die wahre Etymologie von *vates* ist nicht gesichert. Varros Auslegung des Ennius-Verses ging fehl, wenn er glaubte, im Wort *vates* eine alte lateinische Bezeichnung des Dichters entdeckt zu haben. Die Ergänzung des Verses, die wir aus Cicero, *Brutus* 71 u.75 gewinnen können, zeigt, daß Ennius von seinem Vorgänger Naevius sprach, der noch in Saturniern gedichtet hatte (fr.206 Skutsch): *scripsere alii rem versibus* etc. Er stellte Naevius wegen seiner nun altertümlichen Versform neben die wahrsagenden Götter, die Fauni und die oft etwas verächtlich angesehenen menschlichen Wahrsager, die *vates*. An diesem Beispiel läßt sich zeigen, wie Varro bei seiner umfassenden Kenntnis der griechischen und lateinischen Überlieferung doch durch ein Mißverständnis oder einen voreiligen Schluß zu einem falschen Ergebnis kommt.

Gleichzeitig lehrt dieser Fall, wie folgenreich, ja fruchtbar ein Fehler sein kann. Vor Varro und bis auf Cicero ist *vates* immer als Wahrsager verstanden worden, oft auch etwas abschätzig. Offenbar unter dem Eindruck von Varros Deutung in *De poematis* hat dann als erster Vergil das vermeintlich alte lateinische Wort für den Dichter als inspiriertem Künder in den Eklogen aufgegriffen und für den Hirtendichter gebraucht, vielleicht wegen der bei Ennius und Varro gegebenen Verbindung zu Faunus. An zwei Stellen wird der neue Begriff betont neben den alten gestellt; *ecl.* 7,25/28: *ornate poetam ... ne vati noceat mala lingua futuro*; *ecl.*9,32/34: *et me fecere poetam Pierides, sunt et mihi carmina, me quoque dicunt vatem pastores*. Die Hirtengedichte Vergils gehören in die gleiche Zeit, in die man auch Varros Werk ansetzen kann und Vergil hat die seinen Vorstellungen entsprechende Deutung unmittelbar aufgegriffen. Die anderen augusteischen Dichter sind ihm gefolgt, besonders Horaz in den Oden und häufig Ovid und die Späteren.

Weitere Schriften zur Literaturforschung

Περὶ χαρακτήρων (fr.50 Funaioli) in mindestens drei Büchern stellte wohl nicht 'Charaktere' im Sinne Theophrasts dar, sondern die *tria genera dicendi* und deren Vertreter, wie sie Gellius 6,14 unter Berufung auf Varro skizziert. Es sind das *genus uber (ἁδρόν), gracile (ἰσχνόν)* und *mediocre (μέσον)*. Als Repräsentanten in lateinischer Sprache nannte Varro Pacuvius für die *ubertas*, Lucilius für die *gracilitas* und Terenz für die *mediocritas*. (Dahlmann 1962,115-119)

De proprietate scriptorum in drei Büchern (Katalog) handelte vielleicht von der stilistischen Eigentümlichkeit einzelner Autoren. Das einzige Zitat (fr.87 Funaioli) läßt keine sicheren Schlüsse zu. (Dahlmann 1962,119 f.)

De descriptionibus libri tres sind nur im Katalog bezeugt. Der Titel kann auf die ἐκφράσεις weisen, die beschreibende Darstellung, die in der rhetorischen Literatur meist nach *personae, res, tempora* und *loca* gegliedert wird, der von Varro bevorzugten Quadripertitio (Dahlmann 1962,121 ff.).

De antiquitate litterarum (fr.1/2 Funaioli)

Dieses vielleicht früheste Werk in 2 oder 3 Büchern war L.Accius gewidmet, dem römischen Tragiker und Literaturhistoriker, der hochbetagt nach 86 v.Chr. starb. Die wenigen Zeugnisse bei Grammatikern zeigen, daß Varro Ursprung, Zahl und Namen der Buchstaben, ihre Einführung nach Latium durch den Arkader Euander und seine Mutter Carmentis sowie die weitere Entwicklung durch allmähliche Erweiterung des Alphabets von ursprünglich 16 Buchstaben behandelt hat. Wieweit auch die Orthographie berücksichtigt wurde, für die Accius Vorschläge gemacht hat, ist nicht bekannt. Möglich, daß Tacitus *ann.*11,14 seinen Exkurs zur Geschichte der Schrift direkt oder indirekt Varro verdankt.

An die Forschungen des Accius, vor allem seine *Didascalica* zur Geschichte des römischen Dramas, knüpften wahrscheinlich die Schriften zum römischen Bühnenwesen an: *De scaenicis originibus, De actionibus* (oder *actis*?) *scaenicis* und *de personis* (Theatermasken).

De scaenicis originibus

Fragmente: Funaioli fr.70-77
C.Cichorius, Varros libri de scaenicis originibus, Leipzig 1888; J.H.Waszink, Varro, Livy and Tertullian on the History of Roman Dramatic Art, VChr 2,1948,224-242 (=Opusc.sel., Leiden 1979,124-142); P.L.Schmidt, Postquam ludus in artem paulatim verterat. Varro und die Frühgeschichte des römischen Theaters, in: G.Vogt-Spira (Hg.), Studien zur vorliterarischen Periode im frühen Rom, Tübingen 1989, 77-134; Baier 1997,82-88

Die acht sicheren Fragmente zeigen, daß in den drei Büchern Ursprung und Entwicklung des römischen Bühnenwesens dargestellt war. Die Entstehungszeit läßt sich nicht bestimmen. Einbezogen wurden jedenfalls die *Ludi Tarentini* (Censorinus *de die natali* 17,8; fr.70 Fun.) vom Jahre 249 v.Chr., die *Compitalia* (fr.75 Fun.) und wohl auch die *Lupercalia* (fr.72 Fun.), die auch in den *Res Divinae* IX (fr.80 Ca.) *De ludis circensibus* behandelt wurden. Natürlich hat Varro auch RD X *De ludis scaenicis* eine entsprechende Darstellung gegeben. Nach Augustinus (*civ*.2,8) kam der Pest (von 364 v.Chr.) eine Schlüsselrolle zu, wenn sie Anlaß war, auf Geheiß der Götter und um ihrem Zorn zu entgehen, szenische Spiele einzurichten. Tertullian *de spectaculis* c.5, der Varro entweder direkt oder durch Vermittlung Suetons (*Ludicra historia*) kannte, folgt ihm in der Herleitung von *spectacula* und *artifices* (*Lydi, ludii*) aus Etrurien. Das Verhältnis zu Livius 7,2 und Horaz *epist.*2,1,139 ff. ist viel diskutiert worden; der knappe Abriß der römischen Theatergeschichte bei Livius und der Parallelbericht bei Valerius Maximus (2,4,4) werden heute allgemein auf Varro zurückgeführt, den Horaz ebenfalls kannte, aber freier benutzte und sich aneignete. Unabhängig davon ist die Frage, ob tatsächlich die Entwicklung des Dramas aus Tanz, Scherzreden und ungefügen feszenninischen Versen unter etruskischem Einfluß schließlich zu Bühnenstücken nach griechischem Muster führte oder ob Varro unter dem Einfluß griechischer Forschung die Geschichte des römischen Theaters rekonstruierte. Der Rückgriff auf die Luperkalien zeigt jedenfalls, daß Varro die Vorstufen der szenischen Darbietung bis auf die Zeit vor oder um die Gründung Roms zurückführte, also den autochthonen Ursprung postulierte.

De comoediis Plautinis

Dieses für die Überlieferung des Plautus entscheidende Werk befaßte sich mit der Echtheitskritik der Plautuskomödien. Nach Gellius 3,3 (fr.88 Funaioli) stufte Varro 21 Komödien als unbezweifelt echt ein, da sie von niemandem bezweifelt wurden. Sie bildeten als ‚*comoediae Varronianae*' die Grundlage der antiken Ausgabe, auf die unser Text zurückgeht. Weitere Stücke erklärte Varro aufgrund innerer Kriterien für echt, auch wenn sie von manchen Plautus abgesprochen wurden, andere sprach er Plautus mit Sicherheit ab. Dabei setzte er sich auch mit seinen Vorgängern Accius und Aelius Stilo auseinander. Stilo hatte noch 25 Komödien für echt gehalten. Eine Erklärung für die Unterschiebung einiger Stücke war die Annahme oder das Wissen, daß ein Komödiendichter Plautius mit Plautus verwechselt wurde (‚*Plauti*' *fabula* ließ sich auf beide Namen deuten).

Die *Quaestiones Plautinae* in fünf Büchern (Katalog) behandelten Probleme des Plautustextes (fr.51/52 Funaioli).

De bibliothecis (fr.53/54 Funaioli)

Drei Bücher (Katalog) über die Bibliotheken sind vielleicht im Zusammenhang mit dem Auftrag Caesars zum Aufbau einer öffentlichen Bibliothek in Rom zu sehen. Hierher könnte stammen, was Plinius *nat.*13,68-70 unter Berufung auf Varro über die Beschreibstoffe berichtet: zuerst Palmblätter, dann Bast, Bleitafeln, Leinenbücher. Nach der Gründung Alexandrias sei Papyrus (*charta*) in Gebrauch gekommen, im Konkurrenzstreit der Bibliotheken zwischen den Königen Ptolemaios in Alexandria und Eumenes in Pergamon sei dort das Pergament erfunden worden.

7 Schriften zur Philosophie

De philosophia

G.Langenberg,M.Terenti Varronis Liber de philosophia, Xanten 1959; A.Dihle, Zwei Vermutungen zu Varro, RhM 108,1965,170-183; Y.Lehmann 1997,315 ff; W.Görler, in: Grundriß der Gesch.der Philosophie (Überweg): Die Philosophie der Antike Bd.4/2, Basel 1994,971 ff.; Th.Tarver, Varro and the Antiquarianism of Philosophy, in: J.Barnes/M.Griffin (Edd.), Philosophia togata II. Plato and Aristotle at Rome, Oxford 1997,130-164; Baier 1997,39 ff.

Aus dieser Schrift, deren Zugehörigkeit zu den *Logistorici* strittig ist (dafür Tarver 1997; anders Langenberg 1959), die aber jedenfalls nach Ciceros *Academica* (45 v.Chr.) anzusetzen ist, hat Aug.*civ.*19,1-3 Auszüge erhalten. In gewisser Weise hat Varro hier Anregungen aufgegriffen, die Cicero ihm in den *Academica* 1,7 in den Mund legt: *Si vero Academiam veterem persequamur, quam nos, ut scis, probamus, quam erit illa acute explicanda nobis! Quam argute, quam obscure etiam contra Stoicos disserendum*! Was ihm Philosophie persönlich bedeutete, sagt er in Ciceros Formulierung gleich darauf (*Acad.* 1,7): *Totum igitur illud philosophiae studium mihi quidem ipse sumo et ad vitae constantiam quantum possum et ad delectationem animi.* Thema war die Begründung der Ethik und die Lehre von den Gütern, die das Lebensziel des Menschen ermöglichen. Von anderen Themen sagt Augustinus nichts.

Über die feinverästelte Aufgliederung aller denkbaren Positionen, 288 an der Zahl, ist schon gesprochen worden (s.o S.20; vgl. die *divisio Carneadea* nach Antiochos bei Cicero *De finibus* 5,16). Sie werden schließlich auf drei Schulen reduziert: Das Naturgemäße wird um der Tugend willen erstrebt oder die Tugend um des Naturgemäßen willen oder beides um seiner selbst willen. In der Wahl des dritten Zieles (*finis*), das auf der Doppelnatur des Menschen (Leib und Seele) gründet, folgt Varro seinem Lehrer Antiochos von Askalon. Im Vergleich mit dessen Lehre, wie Cicero sie in den *Academica* und *De finibus* V referiert, weicht Varro vielleicht mit der Würdigung von *delectatio* und *voluptas* und anderen Einzelheiten ab; doch muß bedacht werden, daß wir weder von Antiochos noch von Varro den originalen Text haben. Jedenfalls unterschied er *vita beata, beatior* und *beatissima* (Aug.civ.19,3 p.354,23 ff. D.): *Haec ergo vita hominis, quae virtute et aliis animi et corporis bonis, sine quibus virtus esse non potest, fruitur, beata esse dicitur; si vero et aliis, sine quibus esse virtus potest, vel ullis vel pluribus, beatior; si autem prorsus omnibus, ut nullum omnino bonum desit vel animi vel corporis, beatissima.* Der stoischen Bewertung der

Virtus kommt dann wieder ganz nahe die Aussage, daß erst durch sie die anderen Güter ihren Wert erhalten (p.354,20 ff.). Stoisch ist auch der soziale Aspekt der *vita beata* (p.355,8 ff.): *Hanc vitam beatam etiam socialem perhibent esse, quae amicorum bona propter se ipsa diligat sicut sua*. Weiter werden die Familie, die Bürger der Stadt, der Erdkreis mit der Menschheit, ja die Welt mit den Göttern in die sozialen Bezüge des *homo sapiens* einbezogen. Varros eigenes Ideal erkennt man in der Formulierung (Aug. *civ.*19,3 p.355,22 ff. D.): *Ex tribus porro illis vitae generibus, otioso, actuoso et quod ex utroque compositum est, hoc tertium sibi placere adseverant. Haec sensisse atque docuisse Academicos veteres Varro adserit, auctore Antiocho, magistro Ciceronis et suo, quem sane Cicero in pluribus fuisse Stoicum quam veterem Academicum vult videri.*

Die Schrift *De forma philosophiae* in drei Büchern ist nur durch den Katalog und ein Fragment bezeugt. Nach Varros Wortgebrauch von ‚*forma*' in *De lingua Latina (forma etymologiae, similitudinum)* kann man etwa ‚charakteristische Gestalt oder Beschaffenheit' übersetzen.

Nur aus dem Katalog kennen wir *De principiis numerorum* in neun Büchern, also ein umfangreiches Werk zur Zahlenlehre. Es gibt kein sicheres Fragment; Gellius 1,20 wird Varro zu geometrischen Figuren und pythagoreischer Zahlenlehre zitiert, doch kann man dort auch an die *Disciplinae* (Arithmetik, Geometrie) denken. Es ist nicht einmal auszuschließen, daß es sich um ein Werk über Metrik handelte.

Der Schüler des Antiochos zeigt ein immer wieder hervortretendes Interesse an pythagoreischer Lehre und sein ‚Pythagoreismus' hat viel Beachtung gefunden (vgl. Y.Lehmann 1997,299 ff.) bis zur Annahme einer ‚Bekehrung' wegen des Wunsches, nach dem Ritus dieser Schule bestattet zu werden (s.o.S.10). In *De lingua Latina* entspricht der Sprachschöpfer pythagoreischer Vorstellung (s.o.S.32); *ling.*5,11 führt Varro die vier Kategorien seiner Gliederung auf die Lehre von den Gegensatzpaaren unter Berufung auf Pythagoras Samius zurück; *ling.*7,17 zieht er zur Erklärung des delphischen Umbilicus (Nabel) die Gegenerde des Pythagoras heran; die Sphärenharmonie ist Thema kunstvoller Verse in den Menippeen (fr.351); die Erzählung von der Jenseitsreise des Empedotimos (*Men.*fr.560) nach Herakleides Pontikos könnte pythagoreisch sein, aber sicher ist das nicht; vermutlich in den *Disciplinae* berief er sich auf Pythagoras für die politische Tätigkeit als Ziel der Bildung (s.u.S.77); in den Hebdomades beherrscht die Siebenzahl alle Bereiche des Kosmos und des Menschenlebens (s.u.S.78); bei Gellius 1,20 wird die Kubikzahl der Trias nach Pythagoras mit dem Mondumlauf in Beziehung gesetzt; im *Logistoricus Tubero* wurde die Schwangerschaftsdauer von sieben oder zehn Monaten nach Pythagoras mit Zahlenlehre und musikalischen Intervallen verbunden.

Im *Logistoricus Curio* sieht König Numa die Götter mittels Hydromantie, die dann später auch Pythagoras angewandt habe. Bekanntlich galt in Rom König Numa lange als Schüler des Pythagoras, bis man entdeckte, daß dies chronologisch unmöglich war. Cicero *rep.*2,28 weist die weit verbreitete Meinung durch Scipio ausdrücklich zurück. Die Bücher des Numa, von deren Auffindung 181 v.Chr. Varro auch im *Curio* berichtete, hielten die Annalisten Cassius Hemina und Valerius Antias für pythagoreisch, vermutlich mit Recht. Aus der angenommenen Affinität römischer Bräuche und pythagoreischer Lehre, von der Plutarchs Numa einen Eindruck vermitteln kann, läßt sich Varros Interesse wenigstens teilweise erklären. Bedeutsam für den Akademiker muß aber auch der scheinbare oder wirkliche Einfluß auf die Lehre Platons gewesen sein. Vielleicht hat Antiochos hier eine Rolle gespielt, die wir nicht mehr nachweisen können.

Sicher gehörte Varro keinem neupythagoreischen Zirkel an. Seinen Zeitgenossen Nigidius Figulus, den damals bekanntesten Anhänger dieser Richtung, den Hieronymus ‚Pythagoricus et magus' nennt, muß er gekannt haben und zitierte ihn im Eingang der Hebdomades. Nach Apuleius, *apologia* 42, berichtete Varro neben anderen derartigen Vorgängen von zwei Fällen magischer Beschwörung unter Verwendung von Knaben als Medium, bei deren einem Nigidius unter Anwendung von Hydromantie die führende Rolle spielte. Auch dies bezeugt Varros Interesse, aber was hätte nicht das Interesse des Polyhistors erregt? Die beiden Gelehrten werden bei späten Autoren nebeneinander genannt; denn beide widmeten sich Fragen der Grammatik und der Religion. Die Fragmente der mindestens 19 Bücher *De diis* des Nigidius zeigen sowohl Ähnlichkeiten wie auch große Verschiedenheit zu Varro. Hier könnten weitere Forschungen vielleicht größere Klarheit schaffen.

Bisher ist es nicht gelungen, die bei Varro zitierten Stücke pythagoreischer Lehre organisch miteinander und mit seinen grundlegenden philosophischen Überzeugungen zu verbinden. Wo wir diesen näher kommen, in *De philosophia* und den *Res Divinae*, geben die Akademie und die Stoa das Fundament. Immer aber bleibt Rom das Zentrum, um das sein Denken kreist.

Die Logistorici

Ausgabe: E.Bolisani, Padova 1937
H.Dahlmann u. R.Heisterhagen, Varronische Studien I Zu den Logistorici, Abh. Akad. Mainz 1957, darin: R.Heisterhagen, Zur literarischen Form der Logistorici; H.Dahlmann, Varronische Studien II Zu den Logistorici, Abh. Akad. Mainz 1959; M.G.Morgan, Three Notes on Varro's Logistorici, MH 31,1974, 117-128; B.Zucchelli, Varro Logistoricus, Univ.Parma, Ist.di Lingua e Lett. Latina 5,1981

Von den 76 Monographien (die Zahl im Katalog) kennen wir 10 Titel mit der wohl für alle anzunehmenden Verbindung von Namen und Thema, vergleichbar Ciceros *Laelius de amicitia* und *Cato de senectute*. Mit zwei Ausnahmen (*Marius* und *Gallus Fundanius*) sind immer die Cognomina genannt; anders als in den Menippeen sind die Untertitel stets lateinisch. Die dialogische Form wird heute allgemein angenommen. Der Titelträger übernahm wohl den eigentlichen Vortrag; dies bedeutete für ihn eine Ehrung. Daher könnten die bei Cic.*acad.post.*1,8 genannten *laudationes* auf die *Logistorici* zielen (dagegen Morgan 1974 mit Datierung aller *Logistorici* nach 45 v.Chr.). Diese Ehrung mag sich öfter an den Tod des Betreffenden angeschlossen haben, z.B. bei Pius, aber doch wohl nicht in jedem Fall. Cicero hat auch in Dialogen Lebende auftreten lassen (*De legibus, Academica*). Ohne Gewißheit in diesem Punkt sind Datierungen schwierig. Die Bezeichnung ‚*Logistoricus*' (im Katalog λογιστορικῶν LXXVI) hat Varro selbst geprägt, doch ist schwer zu sagen, wie er diese Bezeichnung genau verstanden wissen wollte, vielleicht im Sinne von „wissenschaftlicher Vortrag" (Heisterhagen 1957).

Problematisch ist auch die Gleichsetzung eines varronischen Dialogs, den Cicero in Briefen aus dem Herbst 44 v.Chr. ein Ἡρακλείδειον nennt (*Att.*15,13,3; 16,11,3; 16,12), mit einem der *Logistorici*. Die Dialoge des Philosophen Herakleides Pontikos (ca.390-310 v.Chr.) hatten anscheinend Personen der ferneren Vergangenheit als Unterredner, was für Ciceros *De re publica, Laelius* und *Cato* zutrifft, nicht für Varro, doch waren diese Personen für ihr Thema besonders qualifiziert, was wieder erlauben könnte, einen *Logistoricus* mit Schriften des Herakleides zu vergleichen. Die Frage ist trotz reicher Diskussion nicht entschieden (Heisterhagen 1959; Rösch-Binde 1997,543 ff.).

Die einzelnen Titel, zunächst die zehn mit Namen und Thema zitierten, seien hier mit Beifügung der Einzelausgaben bzw. Abhandlungen kurz vorgestellt:

Atticus de numeris (H.Dahlmann 1959,21-25)

Das einzige Fragment bei Censorinus *de die natali* 2,2 handelt vom jährlichen Weinopfer an den Genius am Geburtstag. Da aber einzelne Fragmente auch sonst oft keinen direkten Bezug zum Titelthema erkennen lassen, ist hier und in anderen Fällen in erster Linie vom Titelträger als Sachverständigen auszugehen. Die Rolle der Zahlen im Geldwesen könnte da besser passen als die pythagoreische Zahlenlehre. Beides vermutet J.Mansfeld (s.u. zum *Tubero*), der hier eine Quelle für Censorinus c.14-15,3 sieht. Sicherheit ist kaum zu gewinnen.

Catus de liberis educandis (R.Müller, Varros Logistoricus über Kindererziehung, Leipzig 1938).

Die zahlreichen Fragmente vor allem bei Nonius geben einen guten Einblick in die Erziehung eines römischen Jungen von Geburt an bis ins Jugendalter. Das Cognomen des Titelträgers findet sich nur bei der gens Aelia, doch bei Varros Zeitgenossen, und ein solcher wird durch die Fragmente erfordert, findet sich kein bekannter Catus. Die Annahme des jüngeren Cato als Titelträger (Müller) wird durch die Überlieferung nicht gestützt.

Zur Einleitung gehört fr.1 Müller (Non.77,13): *quod petisti, ut eius educationis fierem tibi socius, quoad potui, adminiculavi tuam voluntatem scribendo.* Es ist doch wohl der Autor selbst, der einem Freund für die Erziehung des Sohnes einen Ratgeber schreibt. Behandelt werden Geburtsriten (mehrere der römischen ‚Sondergötter' wie Cunina, Rumina, Edusa, Potina u.a. werden genannt), die Aufgabe der Amme, Nahrung, Kleidung, der Unterricht und die Charakterbildung. Für die Amme wird sogar Diät verordnet (fr.12 M.): *ut cibo utatur modico et idoneo, ut vitet acria, ut est sinapi, cepa, alium.* Sie soll also scharfe Sachen meiden wie Senf, Zwiebel und Knoblauch. Auch die Mädchen wurden nicht vergessen (sie lernen Sticken, um später Stickereien beurteilen zu können) und nicht die Kindersprache (fr.17 M.): *cum cibum ac potionem buas ac pappas vocent et matrem mammam, patrem tatam.* Diese Lallworte werden auch von anderen, aber von Varro zuerst überliefert (*bua* ist auf das Trinken zu beziehen, *pappa* aufs Essen). Die Bescheidenheit empfiehlt der Sprecher mit der Erinnerung an die eigene Kindheit (fr.19 M.): *Mihi puero modica una fuit tunica et toga, sine fasceis calciamenta, ecus sine ephippio, balneum non cottidianum, alveus rarus* (Schuhe ohne Binde um die Waden, Pferd ohne Decke, kein tägliches Bad, nur selten Würfelspiel). In der Schule sollen Störenfriede ausgeschlossen werden (fr.24): *Et ut in grege opilio oves minus idoneas removere solet, quas reiculas appellant. Saepe enim unus puer petulans atque inpurus inquinat gregem puerorum.*

Curio de cultu deorum (B.Cardauns, Varros Logistoricus über die Götterverehrung, Würzburg 1960).

Titelträger war wohl der ältere C.Scribonius Curio, Konsul 76 v.Chr. und Pontifex. Da der Pontifex maximus Q.Mucius Scaevola sehr wahrscheinlich als Mitunterredner die dreifache Theologie vortrug (Aug. *civ.*

4,27), muß die fiktive Zeit des Dialogs vor seiner Ermordung 82 v.Chr. liegen, die Abfassungszeit vielleicht kurz nach dem Tod Curios 53 v.Chr. Damals dürfte Varro schon an den *Antiquitates* gearbeitet haben, mit deren Götterlehre der *Curio* weitgehend übereinstimmte. In einem Zitat aus Probus *ad Verg.ecl.*6,31 werden die ‚Großen Götter' von Samothrake als Himmel und Erde gedeutet, daneben steht Iuppiter allein als Weltengott nach den Versen des Valerius Soranus (s.o.S.58).

Augustinus las den *Curio* neben den *Antiquitates* und zitiert ihn zur Götterlehre, zur *Theologia tripertita* (s.o.S.57) und der Überlieferung über König Numa und seine Schriften. Das tiefe Wissen über die Götter gewann Numa durch Hydromantie, daher die Legende von der Nymphe Egeria, die Varro rationalistisch erklärt: *quod aquam egesserit ... ideo nympham Egeriam coniugem dicitur habuisse.*

Gallus Fundanius de admirandis.

Titelträger ist wohl Varros Schwiegervater, der im ersten Buch *De re rustica* als Mitunterredner auftritt. Dieser *Logistoricus* steht in der Tradition der Mirabilienliteratur. Die Fragmente zeigen einen recht gemischten Inhalt: das erste Viergespann, der erste Tempel, Quellen im Meer, Fischfang, Wirkung eines bestimmten Weins etc.

Marius de fortuna (H.Dahlmann 1959,5-11)

Wahrscheinlich ist weder an den berühmten Marius noch an dessen Sohn zu denken, sondern seinen Enkel, den sog. Pseudomarius (anders Zucchelli 1981). Seine Identität wurde bestritten; Antonius ließ ihn nach Caesars Tod ermorden. Die zwei Fragmente handeln von Praeneste, berühmt durch das Heiligtum der Fortuna.

Messalla de valetudine (H.Dahlmann 1959,19-20)

Das einzige Zitat bei Probus zu *Vergil ecl.*6,31 gibt eine Etymologie der Jagdgöttin Diana (*deviae silvae – Deviana*). Der Titelträger kann nicht bestimmt werden.

Orestes de insania (H.Dahlmann 1959,11-15; Morgan 1974,125-128)

Da wir sonst immer Cognomina von Zeitgenossen Varros in den Titeln finden, war nicht der Sohn Agamemnons gemeint, sondern ein Vertreter der gens Aurelia, vielleicht Cn. Aufidius Orestes, Konsul 71 v.Chr. Der Name wird Varro wie in *De re rustica* die Cognomina der Teilnehmer angeregt haben, ihn über dieses Thema reden zu lassen. Das einzige Fragment (Gell.13,4) gibt die witzige Antwort wieder, die Alexanders Mutter Olympias ihrem Sohn erteilte, als dieser sich Sohn des Iuppiter Ammon titulierte: *Amabo, mi fili, quiescas neque deferas me neque criminere adversus Iunonem; malum mihi prorsus magnum dabit, cum tu me litteris tuis paelicem esse illi confiteris.* Alexanders Überheblichkeit wurde in dieser auch sonst berichteten Anekdote angeprangert; sein Anspruch macht die eigene Mutter zur Ehebrecherin (*paelex*), auch ein Beispiel für *insania*. Das Thema hatte Varro schon in der Menippea *Eumenides* behandelt.

Pius de pace

H.Fuchs, Augustin und der antike Friedensgedanke, Neue Philol.Unters. 3,1926; H.Dahlmann1957,37-59; J.Laufs, Der Friedensgedanke bei Augustinus, Hermes Einz. 27,1971; B.Katz, Varro, Sallust, and the Pius aut de pace, C & M 36,1985, 127-158

Hierher stammt die oft zitierte Nachricht (Gell.17,18), der sittenstrenge Historiker Sallust sei von Annius Milo beim Ehebruch ertappt, ausgepeitscht und nach Zahlung einer Geldsumme entlassen worden – *in adulterio deprehensum ab Annio Milone loris bene caesum dicit et cum dedisset pecuniam dimissum*. Da dieser Vorfall von etwa 54/53 v.Chr. im Logistoricus erwähnt wurde, kommt der ältere Q.Caecilius Metellus Pius, der 64/63 v.Chr. starb, als Hauptunterredner nicht in Betracht, wohl sein gleichnamiger Sohn, der Schwiegervater des Pompeius, nach seinem leiblichen Vater auch Scipio genannt. Caesar hatte vor Pharsalus über ihn Friedensverhandlungen mit Pompeius versucht, die aber scheiterten. Er nahm sich nach der Schlacht von Thapsus 46 v.Chr. wie Cato das Leben, vielleicht Anlaß für die Abfassung der Schrift.

Augustins Ausführungen über den Friedensgedanken (*civ.*19,11-17) können nicht auf Varro zurückgeführt werden (Fuchs 1926, dagegen Laufs 1971).

Sisenna de historia

Der Titelträger ist ohne Zweifel der bekannte Historiker L.Cornelius Sisenna, Verfasser der *Historiae* über die Zeit von 91-79 v.Chr. Er starb 67 als Legat des Pompeius in Kreta. Bei Abfassung gleich nach seinem Tod könnte dies einer der frühesten Logistorici gewesen sein. Das einzige Fragment (Gellius 16,9,5) gibt keinen Hinweis auf den Inhalt.

Tubero de origine humana (Heisterhagen 1957,20-37)

Titelträger ist sehr wahrscheinlich Ciceros philosophisch gebildeter Freund L.Aelius Tubero, dem als Akademiker der Skeptiker Ainesidemos eines seiner Werke widmete. Das Thema war die Entstehung des Menschengeschlechts und die des Individuums im Mutterleib. Bei Probus *ad Verg.ecl.*6,31 wird die Welt mit einem Ei verglichen: *Caelum ut testa, item vitellum ut terra, inter illa duo humor quasi ἰκμάς inclusus aer, in quo calor*. Zur Schwangerschaftsdauer zitiert ihn Censorinus *De die natali* c.9 nach pythagoreischer Lehre. Als Quelle für Censorinus c.4-11 kommt der Logistoricus in Betracht nach J.Mansfeld (The Ps.-Hippocratic Tract Περὶ Ἑβδομάδων Ch.1-11 and Greek Philosophy, Philosoph. Texts and Studies 20, Assen 1971,185 ff.).

Weitere überlieferte Titel, die entweder nur einen Namen oder nur das Thema angeben, können mit mehr oder weniger Wahrscheinlichkeit hier eingeordnet werden, wie *Calenus, Marcellus* (H.Dahlmann 1957), *Scaevola* (H.Dahlmann 1959), *Laterensis* (H.Dahlmann 1959), *Nepos* (Morgan 1974,122) und *Scaurus* (fr.78-81 Funaioli), vielleicht *Tanaquil De pudicitia* und *De moribus*.

Es muß hier offen bleiben, ob der bei Velleius (2,36,2), Quintilian (*inst. or.*1,4,4) und Laktanz (*inst.*2,12,4) neben Lukrez als Verfasser eines Lehrgedichts *De rerum natura* erwähnte Varro der Ataciner, P.Terentius Varro aus Atax, war, der auch sonst als Dichter geschätzt wurde, oder der gelehrte Reatiner (W.Speyer, De rerum natura, ein verlorenes Lehrgedicht des Varro von Reate, in: Varronische Studien II, Abh.Ak.Mainz 1959, 26-57).

8 Enzyklopädische Werke

Disciplinae

F.Ritschl, De M.Terentii Varronis disciplinarum libris commentarius, Bonn 1845 (Opusc.III Leipzig 1877 (Ndr.1978),352-402); F.Kühnert, Allgemeinbildung und Fachbildung in der Antike, Berlin 1961,58 ff.; M.Simon, Das Verhältnis spätlateinischer Enzyklopädien der artes liberales zu Varros Disciplinarum libri novem, Diss.Jena 1963; M.Simon, Zur Überlieferungsgeschichte von Varros disciplinarum libri IX, Philologus 108,1964,142-144; I.Hadot, Arts libéraux et philosophie dans la pensée antique (Études August.),Paris 1984; U.Pizzani, L'enciclopedismo varroniano, in: La repubblica romana etc., Atti del convegno, Mantova 1990,181-216; I.Hadot, Geschichte der Bildung; artes liberales, in: Einleitung in die lateinische Philologie (Hrsg.F.Graf), Stuttgart/Leipzig 1997,17-34; M.Fussl, Disciplinae liberales, Augustinus-Lexikon Vol.2, Fasc.3/4,1999,472 f.

Die neun Bücher (Katalog) der *Disciplinae* haben vor allem in der Spätantike auf Martianus Capella, Augustinus und Cassiodor einen freilich schwer abzuschätzenden Einfluß geübt; denn die Zahl sicherer Fragmente ist nicht groß und die Verteilung der Disziplinen auf die neun Bücher und ihre Reihenfolge ist nicht sicher bezeugt. Vitruv (7, *praef.*14), der erste Zeuge, kennt das Buch *De architectura*, gibt aber keinen Hinweis, was er im Detail übernommen hat. Das achte Buch scheint die Medizin behandelt zu haben (Nonius); sonst sind Grammatik, Rhetorik und Dialektik (Cassiodor), auch Musik, Arithmetik (nach Gell.10,1,6 in Buch V; an fünfter Stelle auch bei Martianus Capella; später anders). Geometrie und Astronomie (*astrologia*; Cassiodor) inhaltlich bezeugt.

Vitruv hat wohl das Konzept Varros und der zeitgenössischen Auffassung vom Weg der Bildung im Auge, wenn er 1,1,11 den Architekten, der diesen Namen verdient, so charakterisiert: *qui ab aetate puerili his gradibus disciplinarum scandendo scientia plerarumque litterarum et artium nutriti pervenerint ad summum templum architecturae.* Diese Stufenleiter der Lehrfächer ist in dem später kanonischen Trivium der Wortwissenschaften Grammatik, Dialektik, Rhetorik und dem Quadrivium der Zahlwissenschaften Arithmetik, Geometrie, Musik und Astronomie verwirklicht und wird allgemein auch für Varro in Anspruch genommen (bestritten von I.Hadot 1984 u.1997, festgehalten von Fussl 1999). Licentius verwendet das Bild vom Weg – *arcanum Varronis iter* – in Versen, die er an Augustinus richtet (CSEL 34,1 p.89), und die sich am ehesten auf die *Disciplinae* beziehen lassen (W.Speyer, Varron.Studien II, Abh. Akad. Mainz 1959,28 ff., 48 ff.; D. Shanzer, REAug 37,1991,110-143).

Wenn Augustinus *De ordine* 2,12,35-44 beschreibt, wie die Vernunft (*ratio*) in konsequenten Schritten die Disciplinae (*artes*, *studia liberalia*) durchläuft, ist es wohl kein Zufall, daß er Varro anfangs zur elementaren Grammatik (*litteratio* 2,12,35) zitiert und noch einmal am Schluß des Buches (2,20,54) zur Lehre des Pythagoras: *quod regendae rei publicae disciplinam suis auditoribus ultimam tradebat iam doctis iam perfectis iam sapientibus iam beatis*. Sollten beide Zitate aus Varros *Disciplinae* stammen, vermutlich aus der Einleitung, so hätte Augustinus mit Varros Namen einmal den Anfang des Bildungsweges durch die Disziplinen markiert und dann sein Ziel, die Ausbildung zum Dienst an der Respublica. Den von einem Teil der Pythagoreer vertretenen Vorrang der Politikoi (gegenüber den Theoretikoi) konnte der Römer Varro sich gewiß ohne Einschränkung zu eigen machen.

Die *Disciplinae* stehen in der Tradition der griechischen Paideia, der Bildung, die auch als Enkyklios Paideia bezeichnet wird, der Kreis der Fächer, die eines freien Mannes würdig waren, daher sie auch lateinisch *Artes liberales* hießen. Wir wissen allerdings nichts über eine im heutigen Sinne enzyklopädische Behandlung der Bildungsfächer bei den Griechen, wie Varro sie unternommen hat. Vorangegangen war der ältere Cato mit seinen *Praecepta ad Marcum filium*, die freilich ganz auf die Praxis ausgerichtet waren (Ackerbau, Rhetorik und Medizin gelten als gesichert). Zur Zeit des Tiberius hat A.Cornelius Celsus in diesem Sinne über Medizin (erhalten), Landwirtschaft, Rhetorik und Kriegskunst gehandelt. Varro war jedenfalls in Rom der erste, der die allgemeinbildenden Fächer zusammenfaßte und die Grundlage für einen Kanon schuf, der im Mittelalter und darüber hinaus die höhere Bildung beherrschte. Die Einbeziehung von Medizin und Architektur und nur dieser praktischen *Artes* kommen wohl römischer Wertung der Praxis entgegen; es sind jedenfalls eines freien Mannes würdige Tätigkeiten, und es ist wohl kein Zufall, daß Cicero *off.*1,151 an erster Stelle *medicina, architectura* und *doctrina rerum honestarum* anführt. Architekten hatten ihren Platz auch in der ‚Ruhmeshalle' der Hebdomades. Daß so die Neunzahl der Musen erreicht wurde, war eher von untergeordneter Bedeutung.

Vereinzelte Notizen erwähnen noch im 16.Jh. ein angeblich erhaltenes Buch *de arithmetica*, das verschollen ist (Simon 1964).

Die Datierung auf die Jahre 34/33 ist ganz hypothetisch und beruht allein auf einer Notiz des Plinius (*nat.*29,65), daß Varro ein medizinisches Rezept in seinem 83.Lebensjahr mitgeteilt habe.

Hebdomades vel de imaginibus

F.Ritschl, Opuscula III Leipzig 1877 (Ndr.1978),508 ff.; A.v.Salis, Imagines illustrium, in: Eumusia (Fs.Howald), Erlenbach/Zürich 1947,11-29; A.Grilli, Sul numero sette, in: Scritti in on. di B.Riposati, Rieti 1979, I 203-219

Diese 'Porträtgalerie' in 15 Büchern (Katalog) mit 700 Bildern (Plin. *nat.* 35,11) bedeutender Griechen und Römer, die jeweils von einem Epigramm und einer kurzen Biographie begleitet wurden, war ein Werk ganz eigener Art. Über die Einleitung sind wir durch ein Kapitel in den *Noctes Atticae* des Aulus Gellius (3,10,1) recht gut unterrichtet. Demnach handelte Varro im ersten Buch allgemein über die Siebenzahl (Hebdomas) und ihre Bedeutung im Kosmos und im Leben. Beispiele sind die Pleiaden, die Sphären, der Mondlauf (4x7 Tage), die Entwicklung des Embryo im Mutterleib, die kritischen Jahre im Leben des Menschen, Krisen bei Krankheiten, die sieben Weltwunder, Weisen und Helden vor Theben. Dahlmann (1935) erinnert an den Aufbau im Abschnitt über das Walten der Analogie *De lingua Latina* 9,23 ff. (s.o.S.36). Parallelen zur Siebenzahl bei Philon von Alexandrien *De opificio* Dei können auf Antiochos als gemeinsame Quelle zurückgeführt werden (Grilli 1979). Sich selbst bezieht Varro ein, wenn er feststellt, er sei nun in die zwölfte Hebdomade seines Lebens eingetreten und habe 70 Hebdomaden Bücher geschrieben, von denen viele bei der Beraubung seiner Bibliotheken zur Zeit der Proskription verloren gegangen seien. Die Veröffentlichung fällt demnach in das Jahr 39 v.Chr.

Die Verteilung der 700 Imagines auf 15 Bücher hat man so rekonstruiert: Buch I mit Einleitung und zweimal sieben ältesten Vertretern der Griechen und Römer, dann je sieben Hebdomaden in jedem Buch, d.h. 49x14=686, abwechselnd Griechen und Römer. Sicher waren Könige, Staatsmänner, Helden, Philosophen, Dichter, Künstler vertreten, aber Genaueres muß Spekulation bleiben, ebenso die Ausführung der Bilder, die sicher nicht nur Porträts und Brustbilder zeigten. Jedenfalls war ein Buch dieser Art einzigartig (Plin. *nat.* 35,11: *benignissimo inventu*).

Noch im ersten Buch waren Homer und Hesiod dargestellt (Gell.3,11,1). Varro ließ offen, welcher der ältere war, hielt es aber für sicher, daß sie Zeitgenossen waren und berief sich auf das Epigramm auf dem von Hesiod auf dem Helikon gestifteten Dreifuß (*Anth.Pal.*7,53). Unter das Bild Homers setzte er selbst dieses Epigramm:

Capella Homeri candida haec tumulum indicat,
quod hac Ietae mortuo faciunt sacra.

Damit schloß er sich Aristoteles an, der die Insel Ios (*Ietae* sind die Einwohner von Ios) für Homers Heimat gehalten hatte (Gell.3,11,6 vielleicht aus Varro; Arist.*de poetis* fr.8 Ross). Übrigens weist das Epigramm nicht direkt auf ein Porträt Homers, sondern auf sein Grabmal, das aber vielleicht mit einem Relief geschmückt war.

Cicero erwähnt in einem Brief an Atticus (16,11,3, Nov.44 v.Chr.) eine πεπλογραφία Varros, die das Gefallen des Atticus gefunden habe. Die Anspielung auf den reich mit Bildern bestickten Peplos der Athena zielt wohl auf Varros *Imagines*, zumal Atticus ein Buch *de imaginibus* verfaßt hatte (Plin.*nat*.35,11), in dem ebenfalls den Porträts berühmter Römer vier bis fünf Verse beigegeben waren (Nepos, *Atticus* 18,6).

Neben dem Auszug des Gellius besitzen wir nur wenige Fragmente. Symmachus (*epist*.1,4,1) vergleicht die Epigramme (Elogia) mit denen eines Zeitgenossen, spricht Varros Gedichten die letzte Feile ab und nennt einige Namen: Pythagoras, Plato, Aristoteles, die griechischen Philosophen, sowie große Römer, Curius, die Catones, Fabier, Scipionen *totumque illum triumphalem senatum*. Der *Mosella*, dem Moselgedicht des Ausonius, verdanken wir einen Katalog von sieben griechischen Architekten, beginnend mit Daedalus, aus dem 10.Buch der *Hebdomades*. Ausonius deutet kunstvoll auf den Autor nur mit dem Vornamen in archaischer Form (v.306): *decimo celebrata volumine Marcei Hebdomas*. Offenbar setzt er Bekanntheit mit dem Werk voraus.

Aufschlußreich ist ein Zitat bei dem griechisch schreibenden Johannes Laurentius Lydus (6.Jh. n.Chr.) *de magistratibus* 1,12. Demnach hat Varro in den *Imagines* (ἐν ταῖς εἰκόσι) Aeneas bei seiner Ankunft in Italien in voller Rüstung und Bewaffnung dargestellt, u.a. zwei Speere mit breiter Spitze in der Rechten haltend. Varro selbst sah nach Lydus eine entsprechende Marmorstatue an einer Quelle in Alba. Zudem verweist Lydus auf eine Stelle in Vergils Aeneis (ein gelehrter Vergilkommentar dürfte seine Quelle sein), wo Aeneas in Afrika an Land geht (1,312): *ipse uno graditur comitatus Achate bina manu lato crispans hastilia ferro* (dazu E.Norden, Agnostos Theos, Berlin 1912,Ndr.1956,59 Anm.3). Wir erfahren hier etwas über Varros Arbeitsweise und Vorlagen zu den Bildern und über die Wirkung des Werkes bei Vergil.

Eine Epitome in vier Büchern, vielleicht von Varro selbst veranlaßt, ist nur durch den Katalog bekannt. Sie war wohl schon den Zeitgenossen willkommen; denn das Werk dürfte zu den aufwendigsten und kostspieligsten seiner Zeit gehört haben, vergleichbar den zoologischen und botanischen Sammlungen in der Art des Wiener Dioskurides.

Anhangsweise sei hier noch auf einige Fachschriften hingewiesen.

Der Katalog verzeichnet 15 Bücher *De iure civili*, von denen sich keine Spur bei den römischen Juristen findet. Aus den *libri de gradibus* hat Servius *Aen.*5,412 ein Fragment über Verwandtschaftsgrade (*germanus*) bewahrt, das einen Schluß auf das Thema erlaubt.

Bei Priscian findet sich der Titel *De mensuris*, über die Feldvermessung. Tatsächlich wird im *Corpus Agrimensorum* (p.10 Thulin) Varro zum etruskischen Ursprung der *limites* (Feldraine) zitiert, auch ein Buch *de geometria* (*Disciplinae* ?).

Die *epistulae* (u.a. an Caesar mit Verszitaten) und *epistulicae quaestiones* (D.Wolff, Diss. Marburg 1957, fr.223-229 Funaioli) werden mehrfach von Grammatikern und Gellius genannt. Letztere behandelten mindestens in acht Büchern grammatische, staats-, sakral- und auguralrechtliche Themen.

Einige Titel scheinen auf geographische oder länderkundliche Darstellungen zu weisen, ohne daß wir viel über die Inhalte wissen: *Ephemeris navalis ad Pompeium*, *De ora maritima* (mindestens zwei Bücher), *Liber de aestuariis* (Über Ebbe und Flut, Eigenzitat *ling.*9,26), *De litoralibus*. An Erdbeschreibungen oder Periegesen ist hier kaum zu denken (Sallmann 1971), aber auch in den *Antiquitates rerum humanarum de locis* (VIII-XIII) und anderen Werken kamen immer wieder Geographica zur Sprache.

K.G.Sallmann, Die Geographie des älteren Plinius in ihrem Verhältnis zu Varro. Versuch einer Quellenanalyse, Berlin/New York 1971

9 Nachleben und Würdigung

Th.Baier, Werk und Wirkung Varros im Spiegel seiner Zeitgenossen. Von Cicero bis Ovid, Hermes Einz.73, Stuttgart 1997

Nur knapp, sehr knapp, kann hier die Überlieferung und das Nachwirken des Reatiners skizziert werden. Sein Werk ist mit Ausnahme der Bücher *De re rustica* und *De lingua Latina* V-X verloren, aber die Wirkung setzte schon zu Lebzeiten ein und hat die augusteische Epoche mitgeprägt. Ohne daß es direkt bezeugt ist, darf man annehmen, daß Augustus bei der Reorganisation des Staatskultes und der Herstellung der Tempel auf die seinem Adoptivvater gewidmeten *Res Divinae* zurückgriff. Die Wiederbelebung der Fratres Arvales, der Sodales Titii und des Amtes des Flamen Dialis, die Ludi Saeculares, die Schließung des Ianustempels und vieles andere konnten nicht ohne Heranziehung der von Varro aufgearbeiteten Quellen in Angriff genommen werden. Auch auf anderen Gebieten, etwa der Ehegesetzgebung, war dies erforderlich. Es gab freilich auch andere Antiquare, wie Granius Flaccus, der Caesar eine Schrift *De indigitamentis* gewidmet hatte.

Von den Dichtern der klassischen Zeit ist vor allen Vergil zu nennen. In den Hirtengedichten (*De poematis*), Georgica (*De re rustica*) und Aeneis (*Antiquitates, Hebdomades*, s.o.S.80) hat er Varro herangezogen, wie es für die Aeneis die Vergilkommentatoren zeigen. Auch Tibull, Horaz und in geringerem Maße Ovid sind an Varro nicht vorübergegangen. Seneca benutzte die *Res Divinae* in *De superstitione* und bediente sich in der *Apocolocyntosis* der Menippeischen Satire, die in anderer Weise auch Petron in den *Satyrica* nachahmt. Die Antiquare Verrius Flaccus, Fenestella, Hygin und Sueton, Sammler wie Plinius und Gellius, und natürlich die Grammatiker zitieren ihn häufig. Viele Zitate verdanken wir Nonius *De compendiosa doctrina*, vor allem die Masse unserer Menippeenfragmente. Die Griechen Dionysios von Halikarnaß und Plutarch (*Aetia Romana*, *Vitae*) zitieren ihn, und noch in der Spätzeit lesen ihn Ausonius, Symmachus und Sidonius Apollinaris. Die Kirchenväter Tertullian, Arnobius, Laktanz und Augustinus tragen nicht nur durch Zitate zu unserer Kenntnis bei, sondern zeigen auch, daß für die Gebildeten der Spätantike Varro immer noch die große Autorität war. Vor allem dank Augustinus ist auch im Mittelalter der ‚verlorene' Varro niemals in Vergessenheit geraten.

Einige Zeugnisse zum Ruhm Varros seien hier zusammengestellt:

Cicero hat trotz des schwierigen persönlichen Verhältnisses die Leistung des Gelehrten stets gewürdigt. Im *Brutus* (205) stellt er L.Aelius Stilo und seinen Schüler und Nachfolger Varro nebeneinander: *L.Aelius ... fuit omnino vir egregius et eques Romanus cum primis honestus idemque eruditissimus et Graecis litteris et Latinis, antiquitatisque nostrae et in inventis rebus et in actis scriptorumque veterum litterate peritus. Quam scientiam Varro noster acceptam ab illo auctamque per sese, vir ingenio praestans omnique doctrina, pluribus et inlustrioribus litteris explicavit.*

Umfassend ist die Würdigung, die Cicero dem Zeitgenossen in den ihm gewidmeten *Academica* zugeeignet hat (*acad.post.* 9):

> *Nos in nostra urbe peregrinantis errantisque tamquam hospites tui libri quasi domum reduxerunt, ut possemus aliquando qui et ubi essemus agnoscere. Tu aetatem patriae, tu discriptiones temporum, tu sacrorum iura, tu sacerdotum, tu domesticam, tu bellicam disciplinam, tu sedem regionum, locorum, tu omnium divinarum humanarumque rerum nomina, genera, officia, causas aperuisti, plurimumque idem poetis nostris omninoque Latinis et litteris luminis et verbis attulisti, atque ipse varium et elegans omni fere numero poema fecisti, philosophiamque multis locis incohasti, ad impellendum satis, ad edocendum parum.*

Im Vordergrund stehen die *Antiquitates*, die literatur- und sprachwissenschaftlichen Werke und die Menippeischen Satiren (*poema* wohl hier als ‚Dichtung' zu verstehen). Die philosophischen Interessen haben sich damals noch nicht in eigenen Werken niedergeschlagen; hier denkt Cicero ebenfalls an die Menippeen und wohl auch an die *Logistorici*. In den Reden gegen Antonius, der Varros Landsitz bei Casinum besetzt hatte, stellt er dessen ausgelassenen Feiern das Studium des Gelehrten gegenüber (*Phil.* 2,104 f): *Studiorum enim suorum M.Varro voluit illud, non libidinum deversorium. Quae in illa villa antea dicebantur, quae cogitabantur, quae litteris mandabantur! iura populi Romani, monumenta maiorum, omnis sapientiae ratio omnisque doctrinae.*

Schon bald nennt ihn sogar der Grieche Dionysios von Halikarnaß, der in seiner römischen Geschichte die *Antiquitates* zitiert (*ant.*2,21,2): ἀνὴρ τῶν κατὰ τὴν αὐτὴν ἡλικίαν ἀκμασάντων πολυπειρότατος – unter seinen Zeitgenossen der gelehrteste. Für Seneca ist er *doctissimus Romanorum* (*Helv.*8,1), ein Epitheton, das Augustinus und viele andere ihm immer wieder zulegen, z.B.Terentianus Maurus (4.Jh.) in dem Vers (2846): *vir doctissimus undecunque Varro*. Plinius d.Ä. gibt Beispiele für die Anerkennung geistiger Leistungen in Rom und gleich nach Ennius und Vergil steht Varro, dem Asinius Pollio in der ersten öffentlichen Bibliothek in Rom als erstem zu Lebzeiten ein Bildnis aufstellen ließ (*Plin.nat.*7,115). Quintilian *inst.*10,1,95 stellt ihn unter die Autoren der Satura, geht aber darüber weit hinaus: *alterum illud etiam prius saturae genus, sed non sola* *carminum varietate mixtum condidit Terentius Varro, vir Romanorum eruditissimus. Plurimos hic libros et doctissimos composuit, peritissimus linguae Latinae et omnis antiquitatis et rerum Graecarum nostrarumque, plus tamen scientiae collaturus quam eloquentiae.* Apuleius (*apologia* 42) zitiert ‚*Varronem philosophum, virum accuratissime doctum atque eruditum*'.

Francesco Petrarca nennt ihn im *Triumphus Fame* 3,38 neben Cicero und Vergil das dritte große Licht Roms, das, je mehr man es anschaut, umso mehr leuchtet:

Qui vid'io nostra gente aver per duce
Varrone, il terzo gran lume romano,
che quando 'l miri più tanto più luce.

Seine Heimatstadt Rieti hat ihm eine Statue errichtet und Italien zu seinen Ehren eine Briefmarke herausgegeben mit dem Motto aus den Menippeen (fr.551): Durch Lesen und Schreiben sollst du dein Leben schmieden!

Legendo et scribendo vitam procudito

Anhang

Der Schriftenkatalog des Hieronymus

Der nicht jedem leicht zugängliche Katalog der varronischen Schriften (s.o. S.12), ergänzt um eine Liste der darin nicht enthaltenen, aber anderweitig zitierten 21 gesicherten Titel kann einen Überblick über alle uns bekannten Schriften geben.

Textgrundlage ist ein Brief des Kirchenvaters Hieronymus (ca.385 ?): rec. Isid.Hilberg, CSEL T.LIV (1910) nr.33; ed.J.Labourt T.II (1951) nr.33.

Den Index der varronischen Schriften hat Hieronymus der lateinischen Version der Homilien des Origenes zum Pentateuch vorangestellt; den Anfang des Briefes und des Index bis *'de vita populi Romani'* hat auch Rufinus *apol.*2,20 (Migne PL 21); cf. F.Ritschl, RhM 12,1857,147-154; Opusc.III 506 sqq.; Funaioli p.182; Della Corte 1954,237 ff.

Marcum Terentium Varronem miratur antiquitas, quod apud Latinos innumerabiles libros scripserit. Graeci Chalcenterum miris efferunt laudibus, quod tantos libros conposuerit quantos quivis nostrum alienos sua manu describere non potest. Et quia nunc otiosum est apud Latinos Graecorum voluminum indicem texere, de eo qui Latine scripsit aliqua commemorabo, ut intelligamus nos Epimenidis dormire somnum et studium, quod illi posuerunt in eruditione secularium litterarum, in congregandis opibus ponere. Scripsit igitur Varro

XLV [sic] libros antiquitatum
IIII de vita populi Romani
imaginum XV
λογιστορικῶν LXXVI
de lingua Latina XXV
disciplinarum VIIII
de sermone Latino V
quaestionum Plautinarum V
annalium III
de origine linguae Latinae III
de poematis III
de originibus scenicis III
de scenicis actionibus III
de acti[bu]s scenicis III
de descriptionibus III

de proprietate scriptorum III
de bibliothecis III
de lectionibus III
de similitudine verborum III
legationum III
suasionum III
de Pompeio III
singulares X
de personis III
de iure civili XV
ἐπιτομὴν antiquitatum ex libris XLII [sic] libros VIIII
ἐπιτομὴν ex imaginum libris XV libros IIII
ἐπιτομὴν de lingua Latina ex libris XV [sic] libros VIIII
de principiis numerorum libros VIIII
rerum rusticarum libros III
de valitudine tuenda librum I
de sua vita libros III
de forma philosophiae libros III
rerum urbanarum libros III
satirarum Menippearum libros CL
poematum libros X
orationum libros XXII
pseudotragoediarum libros VI
satirarum libros IIII

et alia plurima quae enumerare longum est. Vix medium descripsi indicem et legentibus fastidium est.

F.Ritschl,RhM 6,1848,481-560 (Opusc.III 419-505); E.Klostermann, SBAkBerlin 1897,855-870; A.Klotz, Der Katalog der varronischen Schriften, Hermes 46,1911,1-17; G.L.Hendrickson, The provenance of Jeromes Catalogue of Varros works, CPh 6,1911, 334 ff.; H.Dahlmann,RE Suppl.VI 1181-1183

Folgende 21 Titel, die nicht im Katalog aufgeführt sind (ohne unsichere Zeugnisse), bestätigen die Feststellung des Hieronymus, daß er nicht den ganzen Katalog abgeschrieben habe:

de utilitate sermonis
de antiquitate litterarum
περὶ χαρακτήρων
rhetoricorum libri
de poetis
de compositione saturarum
de comoediis Plautinis

epistolicae quaestiones
epistulae

de philosophia
de gente populi Romani
de familiis Troianis
aetia
tribuum liber
εἰσαγωγικὸς ad Pompeium
ephemeris navalis ad Pompeium

de ora maritima
de litoralibus
de aestuariis
de mensuris
de gradibus

Zu dem erstaunlichen Umfang dieser Schriftstellerei konnte Augustinus mit vollem Recht sagen (*civ.*6,2): „er las so viel, daß wir uns wundern, wie er Zeit zum Schreiben fand, und er schrieb so viel, daß es wohl kaum jemand hat lesen können":

> Qui tam multa legit, ut aliquid ei scribere vacuisse miremur; tam multa scripsit, quam multa vix quemquam legere potuisse credamus.

Heidelberger Studienhefte zur Altertumswissenschaft

Universitätsverlag
C. WINTER
Heidelberg

Herausgegeben von G. ALFÖLDY, E. CHRISTMANN, A. DIHLE und R. KETTEMANN

Die »Heidelberger Studienhefte zur Altertumswissenschaft« sollen für Einzelgebiete der Altertumswissenschaft eine knappe, systematische Darstellung bringen, sowie anhand sorgfältig ausgewählter quellenkundlicher und bibliographischer Information eine Einführung in die aktuelle Lage der Forschung vermitteln. Erfaßt werden sollen grundsätzlich Themen aus allen Bereichen der Altertumswissenschaft, so neben der griechischen und lateinischen Philologie (z. B. das frühgriechische Epos, Horaz, römische Religion) die Alte Geschichte (z. B. Attische Demokratie, Sozial- und Wirtschaftsgeschichte der römischen Kaiserzeit), die Klassische Archäologie (z. B. Kunst im Augusteischen Rom), die antike Philosophie und Fachwissenschaft (z. B. Hellenistische Philosophie) u. a. m.

JÖRG SCHÄFER

Die Archäologie der altägäischen Hochkulturen

Einführung in die Bedeutung des Fachgebietes und in die methodische Forschung. Mit einem Beitrag zur Siegelglyptik von Paul Yule.

1998. 196 Seiten. Kartoniert. ISBN 3-8253-0601-1

HERWIG GÖRGEMANNS

Platon

1994. 186 Seiten. Kartoniert. ISBN 3-8253-0203-2

ERNST A. SCHMIDT

Catull

1985. 147 Seiten. Kartoniert. ISBN 3-8253-3452-5